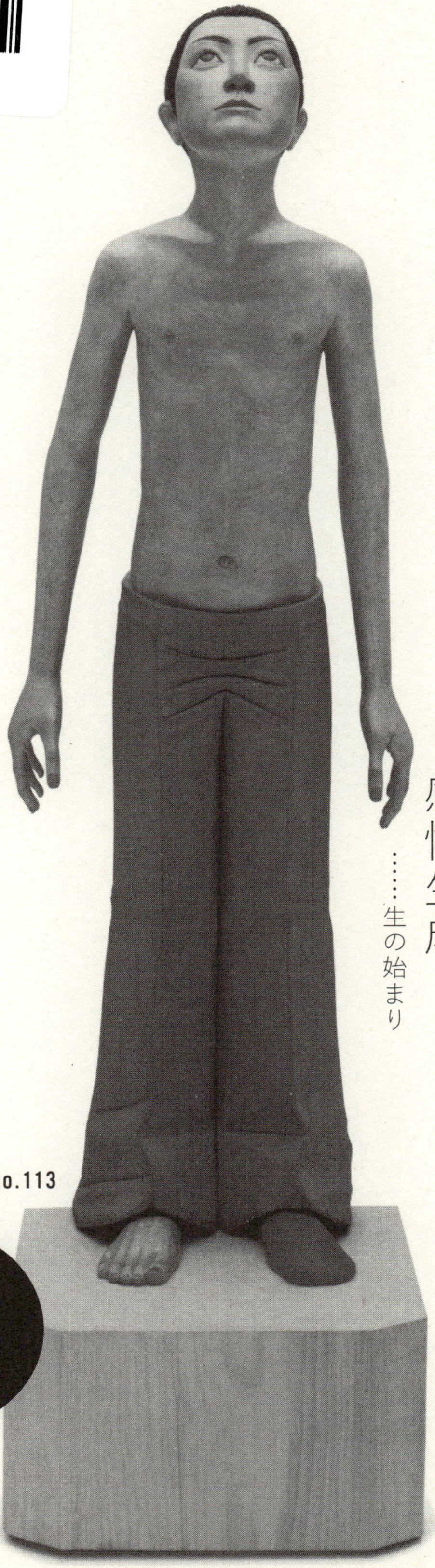

特集
感情生成
……生の始まり

Speak,Talk,and Think 2018 no.113

談

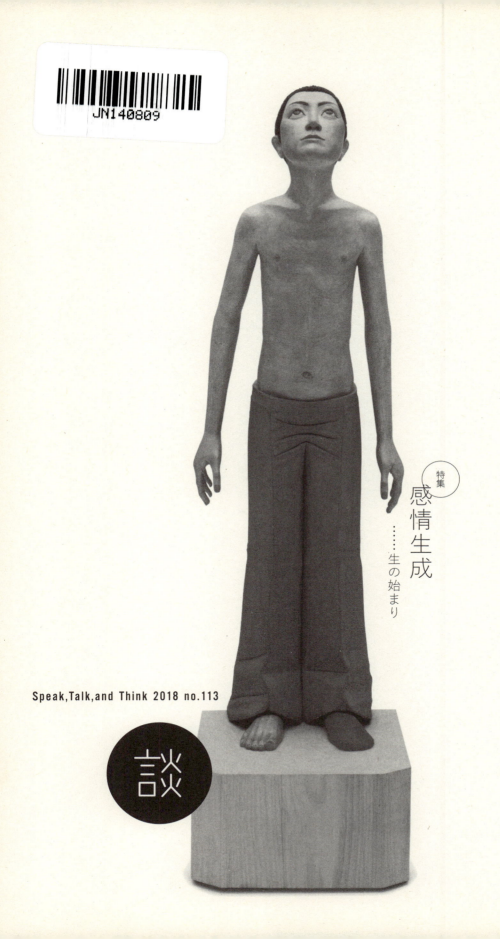

談

2018 no.113 contents

［特集］

感情生成……生の始まり

●表紙
棚田康司

●本文ポートレイト撮影
すべて、新井卓

感情とは、「私とは何者か」という問いへの応答である

もどかしさの源流

感情とは何か。この問いに答えようとあまたの哲学者は格闘してきました。西洋の哲学の歴史は、いわば感情をめぐる精神の遍歴だったとすら言えるでしょう。喜びや悲しみ、怒りや恐れ、驚きや嫌悪…、生きている限りこうしたさまざまな感情が心に去来します。私たちは、悩み、苦しみ、あるいは乗り越えながら、こうした感情を日々経験として蓄積し、記憶化していく。その経験、記憶そのものが、そのひとにとっての感情の実相であり、あえて言えば、そのひと自身のあり方になっている。この「あり方になっている」というところに感情のもっとも大きな特徴が表れている、と言ったのは哲学者の清水真木氏でした。

「感動の正体は、映画を見て感動した私たち一人ひとりのあり方を示し、自己了解の手がかりとなるもの」であり、「それとともに、感動は、表現を与えられ、他人と共有されることにより、普遍的な意義を獲得」する。「感情は、私のあり方と世界のあり方とを同時に指し示すものであり、この意味において、共有されることにより初めて意味を持つもの」だと清水氏は言います(1)。

いい映画を観た後、その映画について熱く語ったという経験は誰にでもあることです。お芝居や音楽ライブ、あるいはいい絵画作品でもいい。これはすごいと思ったものは、語らずにはいられなくなるものです。語っても語っても語り尽くすことができないもどかしい気持ち。そのもどかしい感

editor's note before

じに突き動かされる時、私たちは間違いなく感情に支配されているのです。

感情は、独特な性質をもっています。この性質があるからこそ、感情は気分や知覚と区別されるわけですが、では、その独特な性質とはいかなるものでしょうか。

「感情を惹き起こす原因となるものが何であるとしても、感情が心に生まれるためには、感情の原因となる事柄が〈私〉のあり方との関連において、その都度あらかじめ把握されていなければならず、これは、「感情を知覚や気分から区別する標識」だという[1]。感情とは、「私とは何か」を教えてくれる当のものであり、「私とは何者なのか」という問いに対する答えは、感情として与えられる。ここに感情の特異さとある種のわかりにくさがあるのだと思われます。感情の本性を問うそのこと自体を私たちは感情として受け止めなければならない。すなわち、感情とは何かと問うことが、感情とはこのようなものであるという答えになっているのです。

感情・行動・価値の三すくみの関係

私たちは、楽しいとか悲しいとか、あるいは怒ったり恐れたりしながら、日々生活しています。自分自身の心の状態をできるだけ詳細に振り返ってみるとすぐにわかることは、こうした感情をもたずに生活することなどないということです。

こころみに過去の記憶を思い出して見ましょう。どの記憶も、必ずといっていいほど感情が伴っていることがわかります。そしてほとんどの場合、感情は行動を決定付ける重要な要素となっています。しかも、ある事柄に対しては、どうしても避けたいとか、逆に、媚を売ってでも近づきたいとか、そこでの行動は、必ず価値観が絡んでいます。私たちの行動は、感情の反映でもあり、価値付けでもあるのです。

私たちの行動にバリエーションが見られるとすれば、それは、その行動と寄り添う同じだけの感情があるからに他なりません。言わば感情の数だけ行動様式もあり、それらはある程度カテゴライズされています。つまり、感情の種類が行動様式を規定し、それぞれに価値が配分されているわけです。行動と価値付けの、いうなればその間に、その両者のつなぎ役として、感情（というフェイズ）が控えているのです。感情のわかりにくさは、この構造にあるといってもいいわけで、その意味で、価値と感情、価値と行動を読み解くことがこの構造を知るカギとなります。

心理学で感情は解けない

ところで、そうした感情を研究対象としてきた分野は心理学でした。心理学では、まず感情を私たちの経験と照らし合わせて分けます。つまり、特徴を検出して、どのような感情があるか、分類します。そして、そこで析出された感情が、他の感情とどの程度似通っているか、あるいは似通っていないかを測定し、タブロー（面）にプロットします。

心理学では、従来基本感情として六つ特徴を挙げています。幸福、驚き、恐れ、嫌悪、怒り、悲しみですが、なかには、ポジティブ感情とネガティブ感情に分けたうえで、ポジティブ感情として幸福、喜び、情熱、楽しみを、またネガティブ感情として、神経質、怒り、悲しみ、恥ずかしさ、罪悪感を挙げ、感情には九種類あると主張する研究者もいます（L・B・バレット）。また、心理学者のプルチックは、感情の輪という色彩立体図を描き、喜びと悲しみ、予期と驚き、嫌悪と信頼、怒りと恐れの四種類八つの感情が対関係になっているというモデルを提案しました。しかし、誤ってはいけないのは、分類されたそれぞれの感情が独立して存在しているわけではないということです。もっとも一般的な六つの基礎感情にしても、幸福や驚き、恐れが一つの概念として独立していて、たとえば、幸福と驚きを分かつ境界があって、両者は、まったく別のものとして存在している、というわけではありません。

光のスペクトルがあります。スペクトルは虹のように連続的に変化するものですが、私たちは、それをカテゴリーに分けて、赤色、青色、黄色などの名前をつけて捉えています。本来は、そのような境界があるわけではなくて、あくまでも便宜的な分類にすぎません(2)。より正確に言えば、光のスペクトルは脳内で変換され、明度・彩度・色相という三つの属性によって表現されます。つまり、この三属性からなる三次元空間上に色が配置されるわけで、色のカテゴリー的境界はありません。同様に、感情も個々の感情がカテゴリー的に表現されているだけで、それぞれが何らかの脳の実体に対応しているわけではなく、あくまでも、主観的にカテゴリー化されているにすぎないのです。

喜びには、喜びの感じがあり、悲しみには悲しみの感じがある。心理学は、それぞれの感情=情動には、それ特有の感じがあると説きました。しかし、この心理学の常識が、決して普遍ではないことが、わかっています。異なる情動に、同じ種類の感じが含まれることがあるからです。それを裏付けるのがよく知られた吊り橋効果の実験です。若い独身男性が深い渓谷にかかった揺れる吊り橋を渡っていると、橋の途中にいた女性から話しかけられる。すると、その女性に対する恋愛感情が生まれ、その後彼女に電話をかけてしまう。これは、吊り橋を渡る時のドキドキ感が危険な吊り橋からではなく、相手からもたらされるものだと誤解してしまうからです。ここでは、恐怖の感じが、相手への恋愛の感じになっているわけです。異なる感情が、同じ種類の感じを含むことがあり得るということを端的に示している例といえるでしょう(3)。

感情、その多様性と多面性

一口に感情=情動といっても、そこには喜び、悲しみ、恐怖、嫌悪、恥、罪悪感など多様なものが含まれています。しかも、感情と感覚や気分などとの境界もあいまいです。さらに、感情=情動は、多彩な側面を備えています。一つの感情といえども、感じ、身体の生理的反応、状況の変化、行為への動機づけなどの側面を含んでいます。そして、何よりもそれがそのひとの「あり方」として表象するという特徴をもっています。

そこで、今号ではこの感情の多様性と多面性に注目し、それがどのようなプロセスを経てかたちづくられるのか考えてみようと思います。まず感情はどのように生まれるのか、感情の誕生について考察します。お話をお聞きするのは、京都大学大学院文学研究科教授で発達心理学が専門の板倉昭二氏です。近年の赤ちゃん学は赤ちゃんの知られざる能力をさまざまな方法で明らかにしてきました。赤ちゃんは、一歳になる頃には、他者の感情情報を読み取り、自分の行動を調整できるようになるという。赤ちゃんは、どのように感情を理解し、どのように感情を表出するのでしょうか。赤ちゃん学の最新理論を踏まえてお話しいただきます。

脳科学には、分離脳という考え方があります。脳には右脳と左脳があり、私たちはこの二つの脳を統合させることで生きているという。私たちの意識も、じつはこの二つの脳から生み出されているというのです。東京大学大学院工学科研究科システム創成学専攻准教授で脳神経科学が専攻の渡辺正峰氏は、この分離脳に注目し、左右の脳を外科的に分離し、片方はそのままに、もう片方を電算機に接続して、人工脳を創出しようと目論んでいます。果たしてそれが実現した時、意識は本当に生まれるのでしょうか。さらに、その先にあるはずの感情はどのようなかたちで私たちの前に現れるのでしょうか。最新の脳科学が捉える感情の世界を紹介してもらいます。

世界の価値的なあり方を捉えるには、感情よりも情動がふさわしいというのは東京大学大学院総合文化研究科教授で心の哲学が専門の信原幸弘氏です。自分も含む世界の価値のあり方が成立するためには、何よりも情動が欠かせないと信原氏は説きます。最後に、世界の価値的なあり方とはいかなるものか、そして、そのあり方がなぜ私たちの生き方や人生に深く関わってくるのか。心の哲学、科学哲学の文脈に沿って考察していただきます。

（佐藤真）

editor's note before

引用・参考文献
（1）清水真木『感情とは何か　プラトンからアーレントまで』（ちくま新書　2014）
（2）乾敏郎『感情とはそもそも何なのか　現代科学で読み解く感情のしくみと障害』（ミネルヴァ書房　2018）
（3）信原幸弘「序論 よみがえる情動の哲学」『シリーズ新・心の哲学』III情動編所収（勁草書房　2014）

板倉昭二

感情の誕生……赤ちゃんはいつから感情をもつようになるのか

理解の発達はいつから始まるのでしょうか。「心の理論」では、二歳を越える頃になると、自分の欲求と他者の欲求が異なることを知っていて、自分の好きなものに引きずられることなく、他者の好きなものを答えることができるようになるといいます。こうして他者と自分の欲求を区別し、他者の知識の理解や誤信念の理解へと続いていくと考えられます。このように、「心の理論」は、赤ちゃん学においては、まさに発達の過程、とりわけ心の発達について数多くの知見を提供するものと考えられます。

いたくら・しょうじ
1959年大分県生まれ。横浜国立大学教育学部卒業。京都大学大学院理学研究科霊長類学専攻・博士課程修了。理学博士。現在、京都大学大学院文学研究科教授。専門は、発達科学。著書に『心を発見する心の発達』京都大学学術出版会、2007、『「私」はいつ生まれるか』ちくま新書、2006、編著書に『発達科学の最前線』ミネルヴァ書房、2014、他がある。

……赤ちゃんの知られざる能力がさまざまな方法で明らかになってきました。感情においても同様で、たとえば赤ちゃんは、かなり早い時期から感情を表出していると考えられているようです。そこで、赤ちゃんはどのように感情を表出するのか、また、どのように感情を理解しているのか、感情表出あるいは感情理解を手がかりに、感情の誕生、感情の発達についてお話しください。

昔は、赤ちゃんといえば泣いているかおっぱいを飲んでいるか寝ているかしかない存在という認識だった思います。まあ、赤ちゃんの心を調べるといっても、観察する他なかったわけで、無理もありません。しかし、今はテクノロジーの進歩・発展で、いろんな方法を使って赤ちゃんを探ることができるようになりました。その結果、赤ちゃんは、私たちが想像する以上に豊かな世界に生きていることがわかってきたのです。大人と同じくらいの知識があると指摘する研究者もいますが、それはまだ議論の余地があるとしても、赤ちゃんは以前考えられていたような単純な世界ではなくて、複雑で豊かな世界にいることは間違いないでしょう。

赤ちゃんは、物理法則を知っている

ところで、赤ちゃんが認識する世界は、物理的世界と社会的世界にわけて考察できます。もちろん、完全に切り離して考えられるものではないけれど、こうやって分けてみると、赤ちゃんの見ている世界がより理解しやすくなります。

物理的な世界の方では、たとえば生後三カ月の赤ちゃんでも、基本的な物理法則に基づいた知識をもっていて、物理的な推論を行うことがわかっています。たとえば、物体は、ある空間を占め、二つの物体は同時に同じ場所に存在することはできないとか、ものは上から下に落ちるとか、それが落下する時に何か障害物があったらそれを通り抜けて落ちることはできないといった、いわ

板倉昭二
『心の宇宙⑤ 心を発見する心の発達』
京都大学学術出版会（学術選書028）、二〇〇七より

第6章……まとめと展望

さて、最終章では、本書の第1章、第2章にすでに紹介したものと重複する場合もあるが、私がメンタライジングと呼ぶ心の発達を、月齢・年齢ごとに概略してみる。そうすることによって、他者理解の大まかな理解が可能となるだろう。さらに、メンタライジングの研究において重要なると思われるロボットと乳幼児のインタラクションと統合を研究対象とする「ディヴェロップメンタル・サイバネティックス」を提唱してみたいと思う。

1─メンタライジングの発達の概略

まずは、生後〇～三ヶ月である。たとえ生まれたばかりの赤ちゃんでも、社会的知覚の原初的なものは十分に認められることが知られている。実は、誕生後から始めなくても、胎児期から社会的な知覚は成り立っている可能性が示されている。ドゥ・キャスパーは、胎児を対象に、妊娠期間中にお腹の赤ちゃんに向かって、韻文の朗読をおこない、誕生後朗読によって胎内で聞かせた文章と新奇な文章を聞かせ、その時の新生児の反応を分析したところ、胎児期間におそらく聞いていたであろう韻文に対して、より大きな反応が得られたという。つまり、お母さんのお腹の中で聞いていた文章を覚えていたということにな

ゆる物理法則を赤ちゃんはわかっているらしいことが、実験的に調べられています。

また赤ちゃんは、生まれつき社会的な存在だといわれています。人間が発する信号に対して高い感受性をもっているというのです。たとえば、ヒトの顔や顔様の刺激に対して選好を示したり、自分を見ている眼と別のところを見ている眼を区別したり、またヒトの動きとそうでないものの動きを区別して、ヒトの動きの方を選好したりします。また、ヒトの身体が直接的に発するシグナルだけではなく、ただの幾何学的図形であっても、二つの図形が何らかの社会的相互作用をもっているように見える動きをしている場合には、ランダムに動いている二つの図形よりもそちらの方をよく見ることがわかっています。さらに比較的早い時期から表情の区別ができることもわかってきました。

……これらのことは、赤ちゃんが感情を理解していることを直接示すわけではないと断ったうえで、感情を基礎付ける能力である可能性は高いとおっしゃっていますね。

そうした能力――能力という言葉が的確かどうかは議論のあるところですが――は、どのように生まれどのように発達するか、私の関心はそっちなので、むしろその萌芽を探ることに興味があります。つまり、物理的な世界を認識したり、社会的な関係を認識したりするようになるのはいったいいつからなのか。要するに、その起源を知りたいわけですが、そうすると、どんどん遡っていって、結局、赤ちゃんにたどり着いてしまう。

とはいえ、赤ちゃん研究には制限があります。心理学研究では、成人であれば被験者にボタンを押してもらったり言葉で答えてもらう実験をよくやりますが、赤ちゃんには両方とも難しいことです。赤ちゃんは見ることも聴くこともできますし、味覚もあるし嗅覚も触覚もあります。ただ、五感はあるのですが、運動能力に制限がある。ボタン押しは無理だし、言葉に出して伝える

る。実際には羊水を通して聞くので、フィルターがかかったような聞こえ方をしているはずであるが、確かにお腹の中でもちゃんと聞いていたのである。また、私の友人のリーが、最近発表した報告では、胎児に母親と見知らぬ女性の音声を聞かせ、赤ちゃんの心拍数を測定したところ、両者の音声に対して心拍パターンが異なることを示した。胎児でも母親と未知の女性の声を弁別していることがわかった。

さて、胎児期にも母親と知らない女性の音声の弁別をしているのだから、当然のことかもしれないが、新生児もダイナミックな音刺激に対する感受性を持っており、特にヒトの音声の方向を特定するのは容易である。それどころか、お母さんの声と見知らぬ女性の声とを区別し、お母さんの声を聴くために、サッキングのパターンを変化させる。また、生後すぐに、顔のように見える刺激を、同じ要素で構成されたスクランブル刺激よりもよく追視する。生後四日の赤ちゃんが見知らぬ人の顔よりも母親の顔のほうを長く見ることもわかった。こうしたことは、新生児が、社会的な存在を区別していること、それが新生児にとって注意を払うべきものであることを示す。これらの能力は非常に有効な生き残りの手段であり、生得的とはいえないまでも、生物学的な側面が強調されるべきことかもしれない。

メルツォフとムーアによって発見された新生児模倣は、大きな論争を呼んだが、多くの研究室でも追試可能なことが確認されており、確かに存在する現象である。大人が、赤ちゃんに向かって舌を出せば、それを見ている赤ちゃんも同じように舌を出す。ヒト新生児だけではなく、チンパンジーにも同様のことが

こともできません。そういう制限のあるなかで、赤ちゃんの心や行動の意味をどうすれば知ることができるのか。そのための方法の開発がこの二、三〇年の間に飛躍的に進みました。それが大きかったですね。

……そういった新たな実験方法の開発が、今の赤ちゃん学を成立させてきたということでしょうか。

そうですね。科学というのは、やはりテクノロジーと切っても切れない関係にあります。たとえば、心理学でも視覚、いわゆる見るということは、実験ではもっともよく使われます。今でも主流ではあるのですが、とくに赤ちゃん研究では、最近はアイトラッカーを使った研究が多くなってきました。アイトラッカーは人の眼球の動きを追いかける測定器具で、赤ちゃんがどこを見ているか、何を見ているかがわかります。つまり、どこを見ているか、何を見ているかを可視化する機器ですが、アイトラッカーは赤ちゃん研究に非常に大きな貢献をしています。瞳孔の大きさの変化と感情の相関は知られていますが、アイトラッカーは瞳孔の大きさも測れるので、赤ちゃんの感情を知る手がかりにもなります。

非侵襲的に脳の活動を調べる脳機能イメージングや近赤外光トポグラフィー（Near Infra-Red light Spectroscopic Topography: NIRST）、脳磁図（magnetoencephalography: MEG）、脳波（electroencephalography: EEG）などによっても、赤ちゃんのいろいろなことがわかるようになりました。また、後で詳しく紹介しますが、サーモグラフィを使えば、たとえば皮膚温度を計測することで、感情の変化をある程度つかむことができます。

胎児の場合は、超音波診断機器ですね。かつては、おなかのなかにいる胎児がどんな表情をしているかなど、まったくわからなかった。ところが、超音波診断機器を使えば、胎児の動きや表

報告されている。あまりにもセンセーショナルな報告で、面白い現象であったので、心理学の教科書には、必ずメルツォフの三つの顔（舌を出している、口を開けている、口をすぼめている）と、それに対応した赤ちゃんの顔が並んで掲載されている。誕生間もない赤ちゃんが、大人の表情模倣する。新生児模倣は、舌出し以外のさまざまな動作、さらに情動的な表情に及ぶ。他者の心を見出すことの萌芽を見ることができそうである。

続いて、三〜六ヶ月の時期である。この時期の乳児は、ヒトに対する反応と、ものに対する反応が異なるようになってくる。ヒトに対しては、ものに対する場合よりも笑いかけや発声の頻度が高くなる。これを証拠として、社会的刺激に対する選好が生得的に組み込まれているのだと考える研究者もいる。顔の中の目に対する選好も、この時期に認められるようになる。それだけではなく、関節部分にポイントライトをつけて、そのポイントライトの動きを呈示する、いわゆるバイオロジカル・モーションと、ランダムに動くポイントライトの動きを区別できるようになる。すなわち、生物的動きに対して感受性を持つようになるのである。また、自己推進的に動く物体を追視するようにもなる。視線に対しても敏感であり、自分を見ている視線と、どこか他のところを見ている視線を区別する。

社会的随伴性に対して、感受性が増すのもこの時期である。社会的随伴性とは、社会的パートナーが自分の反応に時間的に近接しておこなう応答のことである。マーレイとトリバーセンは、ダブル・ビデオ・パラダイムにより、六週齢から一二週齢の乳児が、随

情が見られるわけです。赤ちゃんが示す指しゃぶり行動は、じつは胎内にいる時からすでに始まっているなどということも最近わかったことです。指しゃぶりというのは、自分の口の位置や、指を口に近づければしゃぶれるということがわかって初めてできる行為です。自らの身体をある程度ですが、統御できていないとこういうことはできません。もとより、成人のように身体を自由に動かせるわけではありませんが、胎児の段階で少なくとも自分の手や足を動かしており、大まかな身体スキーマを理解しているらしいことがわかったことはとても大きな発見です。それを母胎の外から見て確かめることができるわけですからね。テクノロジーの発展と赤ちゃん学の進展は、当然のことながら関係しています。

……赤ちゃんの豊かな世界は、さらにたどっていくと胎児にいきつくこともあるということでしょうか。

私は胎児にまでさかのぼれると思っています。胎児は、明らかにヒトですよ（笑）。身体感覚もあるし、五感も具わっている。笑ったりするようですから。

もとは成人を対象に開発されたFACS（Facial Action Coding System）をもとにつくられた、Baby FACS（Facial Action Coding System）という表情コーディングシステムがあります。顔の筋肉すべての動きを調べて分析するものですが、たとえば、口角が上がる場合と下がる場合の違いを見て得点化し、被験者は今どんな感情をもっているか調べるというものです。すなわち、顔の筋肉運動の変化と感情が対応付けられているわけです。そのシステムの赤ちゃん版ができて、この前フィラデルフィアの国際乳児学会でこれを使って胎児の表情のコーディングをしようという研究発表がありました。

ただ根本的なことですが、顔の筋肉運動を本当に表情と言っていいかというと疑問があって、ま

伴性の欠如した母親の映像に困惑することを報告した。乳児は、社会的随伴性の感受性を、三ヶ月齢にすでにもっていることが、このパラダイムを用いたいくつかの研究により、示されている。次は六～九ヶ月の時期である。この時期になると、乳児は、物体がひとりでに動き出すと驚くが、ヒトが自発的に動き始めても驚かない。このことから、この時期の乳児は、自己推進的な運動から、アニメイト・エージェントを区別していることがわかる。しかしながら、ここでは、自己推進的に動くものは、生物である必要はない。おもちゃの車のように、何らかのメカニカルな仕掛けがあってもいいのである。

九～一二ヶ月の時期には、乳児は、エージェントは目標指向性を持つことを理解し、目的に近づくためのより合理的なあるいは節約的な動きをよく予測するようになる。いわば、「合理性の原則」とでもいうべき特徴を示すのである。すなわち、エージェントの持つゴールと、それに到達するための方法を分けて表象することができるということである。こうした能力は、将来的には、他者の意図を表象する能力へと導かれると考えられている。

一二～一八ヶ月の時期には、たとえ見かけがヒト以外のエージェント、たとえばオランウータンの着ぐるみを身に着けた実験者であっても、他者との相互交渉を観察することで、そのものを、意図を持つエージェントとして捉えるようになる。私が、ヒト型ロボット（ヒューマノイド・ロボット）を使用して、ロボットに相手を見るという行動を付加しただけで、一二～三歳児の反応が劇的に変化したことでも明らかである。

また、他者の見ているところに自分も視線を向ける、

してや赤ちゃんの場合、そう言い切るのはいろいろな前提条件を必要とします。実際、ある感情が生じるためにはそこにいたる何らかの原因があります。ただ、それはあくまでも同じ文脈として捉えた場合で、文脈が異なればその意味も変わってきます。

……赤ちゃんが泣けば何か不快を感じているに違いないし、また、笑っていれば喜んでいるに違いない。要するに、大人の表情のアナロジーで赤ちゃんの感情を掴まえようとするわけですが、それを客観化しようとしている?

客観的な指標として想定されるものに生理学的な指標があります。感情を探るために、心拍数をとったり、脳波をみたりということもやられています。感情表出というのは生理学的な現象でもありますから、そういう方法で被験者の感情の動きを捉えようというわけですが、赤ちゃんにも同じ方法が使えるだろうということで、実験が進められているようです。

モーションキャプチャーという装置があります。おそらくご覧になったことはおありだと思いますが、光学式モーションキャプチャーの場合は、身体の部位に光点をつけて、被験者がどのような動きをするか座標軸に記録するというものです。ある時間のなかでどのような運動をするか三次元画像としてデータ化するもので、赤ちゃんを対象にした研究もあります。赤ちゃんは一見無茶苦茶な動きをしているように見えますが、もちろんそういう時期もありますが、そうじゃなくて、意味をもつ運動もあることがわかってきました。

身体は認知にとってものすごく大事です。身体は認知機能と深くかかわっていますが、そうなると当然ですが、脳も関係してきます。赤ちゃんも同じで、赤ちゃんの身体運動は、脳・認知・環境のダイナミズムによってかたちづくられていると考えられます。その三つの領域を包括的・全

いわゆる追視(gaze following)ができるようになる。さらに、他者の注意の状態に応じて、コミュニカティブな働きかけを変えることができるようになる。他者が目を閉じている場合と、目を開けている場合とで、視線追従の頻度を比べると、明らかに後者の状態でよりよく追従が起こる。目はやはり重要なのである。

一八ヶ月〜三歳は、実質的には乳児期の終わりであり、他者理解の基礎となる能力が急速に発達する時期である。話者の意図を読み取ることから語彙獲得も急速に進み、意図を読むことによる模倣もこの時期から確実に始まる。また、「ふり」も理解できるようになる。共同注意に関しては、自分の視野内にないターゲットに対しても、他者の視線を追従することができるようになる。つまり、自分が直接には見えないところにも、他者が視線を向けた場合には、そこにあるものを表象できるようになる。これは、バターワースが共同注意の発達段階における表象的メカニズムとして示したことであり、真の共同注意ができるようになるということである。

次は三〜五歳である。日常的な観察によると、三歳以前から、幼児は、心的状態を表わすことばを使用するようになるという。三歳は、知る、考える、推測するということの違いを理解し始める原初的な時期である。写真が両側に印刷されている場合は、相手が見えているものと、自分の見えているものが違っていることを指摘できる。すなわち、「見る―知る(seeing-knowing)」の関係に気づき始める。この時期は、当然ながら誤信念課題の成功へと近づく段階である。誤信念課題のマクシ課題で、指さしでは

体的・総合的に捉えようというのが今の赤ちゃん研究の方向だと思います。

発達論を大きく変えたインタラクションという概念

まったく関係なさそうに見える事柄が、じつはつながっているということがけっこうあるんですよ。そういうことがわかってきました。たとえば、歩行と言語の発達とか。一見関係なさそうに見えるでしょう、ところが、関連しているんですね。僕がやっている研究にもその手のものがありまして、たとえば、同期やリズムが対人関係と意外に深く関係し合っているとか……。

……具体的にはどんな研究なんですか。

行動がパートナーと同期していると、そのパートナーに対する援助行動が増えるという実験です。二〇一四年の報告ですが、お母さんが赤ちゃんを前向きに抱っこします。赤ちゃんと向かい合っている実験者は上下に膝を曲げながら動きます。それを見ているお母さんもシンクロして上下運動をします。赤ちゃんはお母さんに抱っこされているので受動的ではありますが、お母さんと一緒に上下運動をしますし、赤ちゃんも実験者の動きを見ています。つまり、赤ちゃんも実験者と同期して動くことになります。その後赤ちゃんは、その実験者に対してものを拾ってあげるなどの援助行動、すなわちヘルピングが、同期していない人に対する場合と比べて多く見られたというのです。

以前から同期やリズムと社会性の発達には関連性があるといわれていましたが、赤ちゃんでも同じようにあるということがわかってきた。これまでの心理学は、いうまでもなくその対象は、大人が主でした。赤ちゃんを対象にする実験そのものが非常に少なかった。同期、シンクロという現象

間違った解答をするにもかかわらず、視線を指標とすると正しく答えられる子どもがいることも報告されている。

五歳以降の時期では、九〇%近くの子どもたちが、誤信念課題を通過できるようになる。これで、一応「心の理論」の成立へ到達したわけであるが、他者の心の理解は、これで終わるわけではない。心の理論研究の隆盛により、社会的認知の発達では、何となく誤信念課題にパスすることがゴールであるような観があるが、私たちの社会的な発達はさらに続く。たとえば、二次的な心の理論ということも言われているし、さらにより複雑で高次な嘘の理解（他者のためにつく嘘など）、比喩の理解、皮肉の理解などは、心の理論の成立後にみられることである。

以上、誕生直後に始まる社会的認知から五歳以降に成立する心の理論へのプロセスをおおまかに記述してきた。しかし、これらはすべて横断的なデータからの推測であり、確かな発達の経路を記述するには、非常な困難を伴う。ここで羅列的に挙げられた項目の発達経路を横断的な研究をおこなうことにより、正確に把握する必要がある。それが今後の大きな課題となる。実際に私が関わっている大きなプロジェクトはこのことを実証しようとしているものである。

2　ディヴェロップメンタル・サイバネティックスの提唱

本書では、子どもが、他者を自分と同じような「心」を持つ存在として、認識するようになる過程を、数多くの先行研究を紹介しながら論じてきた。

があることは言われていましたが、赤ちゃんにもあるということは確認されていなかったわけで、赤ちゃん研究が急速に進み、赤ちゃんにも同様にあることがわかってきたわけです。

大人に対して得られた知見が、赤ちゃんにも応用できるということがいろいろな実験でわかってきたわけです。

……板倉先生の専門分野である発達論もこの三〇年間でめざましい発展を遂げたようですが、当然赤ちゃん学へも大きな影響を与えたのでしょうね。

そうです。僕の個人的な感想ですが、何より大きかったのは、インタラクションという概念を持ち込んだことです。他者とのやりとりとか関係性のなかで、ヒトはその能力を開花させます。僕自身インタラクションに注目するようになって、いろいろなことが見えるようになりました。対人関係、そのインタラクションを、一つのシステムとして捉える見方もありますが、赤ちゃんをとりまく環境も、そうしたシステムとして見ることでわかってきたことはたくさんあります。

……赤ちゃんもさまざまなインタラクションをやっているはずなのに、これまではせいぜいお母さんとの関係ぐらいしか問題にしなかったように思われます。いわゆるシステムといっても、母子関係が中心で、それ以外の関係をシステムとして捉える発想自体がなかったのでしょうか。

そこに注目して、インタラクションの重要性を説いたのがエジンバラ大学のC・トレヴァーセンです。トレヴァーセンは、二項関係という概念を使って、乳・幼児のやりとりを観察、記述してきた心理学者ですが、そうしたインタラクションは、赤ちゃんとお母さんの関係だけではないと言っています。また、マイケル・ルイスは、ソーシャルネットワークという言葉を使って、結びつきの

赤ちゃんの発達からヒト以外の霊長類の社会的認知、特に他者の視線理解の問題、そしてロボットを用いた乳幼児の社会的認知実験、ヒトの見かけと動作の問題を考える不気味の谷の問題、などである。現在の私の関心は、ヒトが心を見出していく過程、もっと言ってしまうと、心を他者に創り出していく過程やメカニズムに関心がある。そのために、アニメーション映像や、ヒューマノイドロボット、アンドロイドなどをツールとして、乳幼児がそうした対象をどのように見ているかについて、またその中に社会性や心をどのように貼り付けていくのかといったことを実験的に分析している。私は、ここで新しい領域として、「ディヴェロップメンタル・サイバネティクス」という新しい研究領域を提唱しようと思う。「サイバネティクス」ということばにはあまり馴染みのない方も多いと思う。ちなみに、『広辞苑』では、「(「舵手」の意のギリシャ語に由来)通信・自動制御などの工学的問題から、統計力学、神経系統や脳の生理作用までを統一的に処理する理論の体系。一九四七年頃アメリカの数学者ウィーナーの提唱に始まる学問分野。」と定義されている。私の考える「ディヴェロップメンタル・サイバネティクス」の定義は、「子どもとロボット(ヒューマノイドロボットやアンドロイドロボット)のインタラクションや統合に関する研究」である。ここには二つの大きな意味が含まれている。一つは、そうしたロボットを用いることによって、まさに本書のタイトルにもなっているように、ロボットの外見や振る舞いのパラメータを操作することによって、心を見つけていくプロセスとメカニズムの特定することである。もう一つは、近年のロボット工学の発展に伴い、ロ

強い／弱いはありますが、いろいろなソーシャルネットワークが赤ちゃんを取り囲んでいると言っています。

トレヴァーセンによれば、生後四カ月ぐらいまでは赤ちゃんはお母さんとか養育者との二項関係で捉えるのですが、九カ月を過ぎると三項関係で捉えるようになるという。それまで閉じていたループ――ここでは赤ちゃんとお母さんの二項関係――から、そのループの外にある人やものも含めた関係へと発展させていきます。たとえば、おかあさんが外にあるものに注意を向けると、赤ちゃんもそっちへ注意を向けるようになります。今まで、お母さんは自分に注意を向けていたけれど、自分ではない何か他の人やものに注意を向ける。そういう視線の移動を赤ちゃんはちゃんと察して、同じようにその何か別の人やものに注意を向けるようになるというのです。これは非常に大きな変化です。社会的な認知への大きな発展と捉えることができます。

感情と強く結びつく顔

今社会的な認知と言いましたが、赤ちゃんは早い時期から他者の発するシグナルとかそういったものに対する感受性が強いことは冒頭お話ししたとおりです。とりわけ顔に対する感受性が強いのですが、もとよりヒトの声とか身体的な動きとか、触ってわかるものとか、いわばヒトがもっている生物学的なシグナルに特異的に反応する感受性があるようです。そういう特異的な感受性があることは、以前から指摘されていましたが、なかでも顔に対する感受性が強いという。

……大人と同様に赤ちゃんもひときわ強い関心を示すということは、赤ちゃんの感受性と感情との強い結びつきが伺えますね。

ボットという存在がかなり身近になってきたということである。ペットロボットもブームになったし、二足歩行ロボットは、私たちを大いに感動させた。また、いたるところでロボットの展示会がおこなわれ、老若男女で賑わっている。二〇〇五年の愛知万博でもロボットは展示の大きな目玉だったと聞いている。二一世紀は、さまざまなタイプのロボットが日常的に存在するようになるだろう。今はやりのユビキタスである。そうしたことを考えると、今後ますますロボットは、冷蔵庫や食器洗い機のように、私たちの生活に入り込んで来るであろうことは想像に難くない。もっと夢物語のようなことを言うと、ロボットは、単に家事をこなす単純な存在だけではなく、子育てや教育に関わるような存在、すなわちそれ自体とコミュニケーションを取らなければならないような存在になるかもしれない。それがいいことか悪いことか、私にはまだ判断がつかないが、否が応でも子どもたちはそうした環境にさらされていく。そのときに、子どもたちはそうした対象をどのように認識するのか、子どもたちにとってより良いロボットを製作するにはどのようなことが必要なのか、といったことはきわめて重要な課題となる。そんな時代が本当に来る前に、子どもたちのために確認しなければならないことがたくさんあるのである。科学は未来を見据えて遂行されなければならない。ディヴェロップメンタル・サイバネティクスは、そんな新しい学問領域になると信じている。

顔はやはり情報の宝庫ですから。口は言葉を発するし、眼はいろいろな表情を表します。先ほど紹介したBaby FACSを使った実験が注目されるのも、顔がそれだけ特異な存在だからでしょう。顔全体もそうですが、眼に関しては特に関心をもつようです。月齢によって少しずつ変化していきますが、口の表情をじっと見ていたりもしますが、やはり眼にはすごく注意を惹きつけられるようです。

赤ちゃんはよく視線追従（gaze following）をします。しばらく見つめ合ってから、視線をずらすと、赤ちゃんも同じように視線をずらします。右に視線を変えると同じ右方向に変えたりとか。だから、こっちが目をつぶると、赤ちゃんは視線追従しなくなります。眼が開いているということが重要なんでしょうね。

顔は赤ちゃんにとって特別な刺激のようです。それは、本物の顔に限られません。顔のように見える模様と、そうでない模様とを比較すると、赤ちゃんは顔のように見える方をよく見ます。たとえば、しゃもじのような形をしたボードに、ひとの顔のように眼・口が描かれた刺激、顔の要素は描かれているがその配置がスクランブルされた刺激、さらには、何も描かれていないブランクの刺激の三種類を一つずつ新生児に提示した時には、スクランブルされた刺激やブランクの刺激よりも、顔刺激によく追従すること示されました。また、倒立した顔よりも、正立にした顔を選好することもわかっています。

不思議なことに、このような顔様の刺激に対する選好は、誕生直後と生後二カ月過ぎに見られますが、その間の時期には、観察されないことがあります。こうしたことから、生後すぐに見られる顔選好と、生後二カ月以降に見られる顔選好では、メカニズムが異なるのではないかと考えられています。このような現象は、発達にはよく見られることで、そのパターンから「U字型の発達」と呼ばれます。

……この間に一体何が起こっているのでしょうか。大変興味があります。

さらに、赤ちゃんは、顔を選好するだけでなく、自分のお母さんと見知らぬ女性の顔を極めて早い時期から選別しているようです。生後四八時間の赤ちゃんでも、自分のお母さんの顔と見知らぬ女性の顔が提示された場合、自分のお母さんの顔を有意に長く見ることが報告されています。眼もまたヒトにとっては特別な存在です。顔同様に、眼は多くの情報を含み、赤ちゃんにとっては大事な刺激のようです。赤ちゃんの顔への選好は、じつは眼が規定しているのではないかという説を唱えている研究者がいます。眼に対する感受性の強さは、また視線方向への感受性にも反映されます。

三〜六カ月児を対象として、大人とのインタラクションの場面で、大人の視線が赤ちゃんに向けられている時と、大人の視線が赤ちゃんの顔の中心から少し外れている時の赤ちゃんの反応を観察した記録があります。それによると、大人の視線が外されている時には、赤ちゃんの微笑み反応が少なくなったというのです。赤ちゃんは、少なくとも三カ月までには、相手の視線の方向に敏感になっていると考えられます。

顔というのは、ある意味で感情表出そのものです。赤ちゃんは早い時期から、喜び、関心、怒り、恐れ、悲しみといった感情を表出していると考えられていますが、その多くはじつは親の主観に基づくもののようです。

感情表出に絞ってみてみると、喜びなどのポジティブな感情と悲しみなどのネガティブな感情の二つに分けることができます。乳児が表出する喜びの最初の明確なサインは、微笑みです。乳児は、生後すぐに自発的な微笑みを示します。これは基本的には、レム睡眠（Rapid Eye Movement：浅い眠りを指し、この時に夢を見ていることが多いとされる）の時に現れます。ただ、この初期の微笑みは、反射的でいわば生物的な身体の状態によって引き起こされるもので、社会的な相互作用とは異なるといわれています。

ところが、生後六〜七週間経つと赤ちゃんは社会的微笑みを現すようになります。その微笑みは、他者に対して向けられたもので、通常であれば、両親とのやりとりの間に起こるものです。赤ちゃんの微笑みによって、赤ちゃんに対する両親の関心や情愛が引き出され、また、そのことによってさらに社会的微笑みが誘発されるのです。このように、乳児の初期の社会的微笑みは、両親や他の大人との関係の質を高めていく役割を担っています。

社会的微笑みは、赤ちゃんが興味をもつ面白い対象物よりも、ヒトによってより頻繁に引き出されることがわかっています。その証拠として、三カ月児は、ヒトによく似た人形よりも、本物のヒトに対して笑いかけたり声をかけたりするということが報告されています。少なくとも、生後二カ月の乳児は、社会的な文脈および非社会的（自分が制御できる事象）な文脈の両方で、喜びの感情を表出することがあります。

七カ月になると、乳児は、見知らぬ人よりも既知の人に対して笑いかけるようになります。実際に赤ちゃんは、知らない人とかかわることに苦痛を感じることがあるようです。このような選択的な微笑みは、赤ちゃんとコミュニケーションをはかり、維持しようとする両親の動機付けを高めることになると考えられています。赤ちゃんの方も、両親に対して、興奮と歓喜を伴う笑いなどを示します。そして、さらに肯定的な社会的相互交換を続けようとする動機付けを高めることになります。そのようなポジティブな感情の交換は、とくに両親との間に生起し、赤ちゃんが自分にとって特別なものだということを両親に実感させるわけです。

また、生後一歳の終わりくらいまでに、彼らの認知能力の発達と共に、予期しないことが起こった時に笑うということも見られるようになります。二歳では、今度は自分がおどけて他者を笑わせることをするようになります。このことから、二歳児は、両親とポジティブな感情や行為を共有する欲求をもつことを示していると考えられています。

……空腹や痛みは、大人にとってネガティブな感情と捉えられていますが、赤ちゃんも同じですか。

ええ。激しい泣きやしかめっつらなどからそれは容易に判別できます。ただ、乳児におけるその他のネガティブな感情は、判別が難しいといわれています。明確な恐れの感情の表出は、生後六〜七カ月くらいから見られるようです。とくに、見知らぬ人に対する恐れの反応が顕著になります。この頃になると、見知らぬ人は、もはや赤ちゃんにとって快適な存在ではなくなり、既知の人と区別されるようになります。

見知らぬ人への恐れは、一般的に二歳くらいまで続きますが、その継続性には個人差が見られるようです。七カ月では、見知らぬ人への恐れだけではなく、新規なおもちゃ、大きな音、急激な動きなどに対しても恐れの感情を抱きますが、そのような恐れは、一二カ月くらいまでに減衰します。

社会的随伴性が示すもの

赤ちゃんや子ども感情の発達について、もう一つ重要な視点があります。どのような感情をどのように理解するのかということです。感情の理解は、社会的な行動と直接的に影響を与えるため、社会的能力の発達の評価に重要です。

他者の感情理解の最初のステップは、他者には、自分とは異なる感情が存在することを知ることです。生後四〜七カ月くらいまでに、乳児は、喜びや驚きといった感情の表出を区別するようになります。たとえば馴化法——同じ刺激を繰り返し呈示して、被験者（この場合は赤ちゃん）

の注視時間を計り、その刺激に対して十分に馴化した（慣れた）ところで、新しい刺激を提示するもの——を用いた実験で、最初に喜びの表情の顔に馴化させ、テストで驚きの表情の顔を呈示すると、脱馴化が起こります。すなわち、喜び顔とは異なる驚きの顔に対して、一旦短くなった注視時間が長くなります。

しかし、このことはその表出された感情の意味を理解しているとは限りません。生後七ヵ月にならないと他者の表出している感情の意味を知覚するようにはならないからです。この時期の乳児に、表情と声が一致していないビデオ刺激（悲しい顔と弾んだ声を同時に呈示）と一致しているビデオ刺激を見せると、七カ月児は表情と声の一致した方の刺激をよく見るそうですが、七カ月より前の児童では、この二つの刺激の区別はないようです。ただし、最近の研究では、一カ月児でも、笑顔の区別ができているとの報告もあり、より詳細な検証が必要です。

新生児を過ぎた赤ちゃんは、単に大人の顔と声を識別するというだけではありません。そこに含まれている社会的なメッセージをも理解しているように見受けられます。赤ちゃんとお母さんのやりとりを見ていると、面白いことに気がつきます。お母さんが笑えば赤ちゃんも笑い、赤ちゃんが声を発すると、お母さんも呼応して声を出します。こうしたやりとりは双方向のものであり、赤ちゃんもお母さんも、お互いに、志向する目標の交換や感情状態の調整を行っていると考えられています。このような社会的パートナーの反応は時間的に近接しており、心理学では「随伴的である」と呼ばれています。もしこれが正しい解釈であるとすれば、赤ちゃんは、社会的文脈のなかで、他者の随伴性、すなわち社会的随伴性に対して極めて高い感受性をもっているということが、容易に推測できます。

このことをもっともよく表しているのが、「スティル・フェイス・パラダイム（静止顔パラダイム）」で、これは、お母さんと赤ちゃんがやりとりをしているなかで、突然お母さんの表情が中立になり静止してしまう状況です。

一般的には、次のような手続きで行われます。まず、お母さんはいつものように赤ちゃんと接します。赤ちゃんに対して、笑いかけたり、優しく声をかけたり、身体に触れたりして赤ちゃんと自然なコミュニケーションをとります［フェイズ1］。次に、お母さんは突然表情をなくし、赤ちゃんと触れ合うことをやめます。これが静止顔の段階です。おかあさんは、赤ちゃんのいかなる働きかけにも一切応じません［フェイズ2］。そして最後は、また最初の状態に戻り、お母さんは赤ちゃんに優しく接して、相互交渉を再開します［フェイズ3］。

［フェイズ1］から［フェイズ3］まで、時間にすると二、三分ですが、この実験から赤ちゃんの社会的知覚に関する大変重要な情報を得ることができました。［フェイズ1］から［フェイズ2］へ移行すると、赤ちゃんは機嫌が悪くなり、眼をそらしたり、お母さんの注意をひこうとしたり、あげくの果てには泣いてしまう子もいます。しかし、再び［フェイズ1］と同じ状態、［フェイズ3］になると良い機嫌をとり戻し、［フェイズ1］と同じインタラクションをとるようになります。

実験者は、このような「スティル・フェイス・パラダイム」のなかの、赤ちゃんの顔面皮膚温をサーモグラフィにより記録しました。顔面皮膚温は、感情（情動）状態と関連があるといわれていて、皮膚温の低下はネガティブな感情との関係が報告されています。

実験では、赤ちゃんを二つのグループに分けて記録しました。一つは、今述べた［フェイズ1］から［フェイズ2］を経て［フェイズ3］へ移行するグループ。もう一つは、すべてのフェイズが1の状態のままやりとりが遂行するグループです。

実験結果は非常に興味深いものでした。後者のグループは、すべてのフェイズを通じて、皮膚温の変化は見られませんでした。そして、前者のグループでは、［フェイズ1］は後者と差がなかったものの、［フェイズ1］から［フェイズ2］に移行すると、顔面皮膚温が有意に下がったことがわかりました。また、［フェイズ3］に移行しても、皮膚温は依然として下がったままでした。

ところが、赤ちゃんたちの行動を観察して見ると、［フェイズ2］では、赤ちゃんは不機嫌になり、[フェイズ3]では、その状態からの回復傾向が見られました。なかには、笑いを表出した赤ちゃんもいました。このことは、何を示しているのでしょうか。赤ちゃんの内的な感情(生理的情動状態)と表出された感情が異なる可能性があるということです。これに類似した報告が他の実験でもありますが、大変面白い結果だと思います。

また、この実験結果から、赤ちゃんは社会的な刺激がなくなったことを理解したからではないかと推測できます。すなわち、社会的随伴性が消失してしまったことに気付いた可能性があるというわけですが、まだはっきりしたことはわかりません。

このような問題を解決するために、考え出されたのが「ダブル・ビデオ・パラダイム」で、これは、純粋に社会的随伴性の影響だけを取り出すことができるように工夫されたものです。このパラダイムでは、TVモニターを介したお母さんと赤ちゃんの自然な相互交渉をビデオに記録します。この時、お母さんも赤ちゃんも、お互いに別の部屋にいながら、相手をTVモニターで見ることができるようになっています。

まず、スティル・フェイス・パラダイムの実験と同様に、最初は通常のコミュニケーションを行ってもらいます。つまり、お母さんは、TVモニターを通じて、赤ちゃんに声をかけたり笑いかけたりします。そして、三〇秒後、突然、赤ちゃんに以前に記録したお母さんのビデオを呈示します。この時、赤ちゃんにとってTVモニターに映っているお母さんは、普通にコミュニケーションをとろうとしているけれど、妙にタイミングの合わない、なんだか変なお母さんです。お母さんの社会的刺激は、赤ちゃんの反応とまったく相関しません。これを「リプレイ条件」と呼びます。もしこのリプレイ条件の時に赤ちゃんの反応が変われば、その大きな要因は、社会的随伴性がないことによるものだと結論できるわけです。

実験の結果、「リプレイ条件」では、赤ちゃんが困惑したり、お母さんの映っている画面から視線をそらしたりしました。こうしたネガティブな反応は、期待違反によるものと考えられます。赤ちゃんは、お母さんの随伴的な反応を期待しながらも、それが突然裏切られたことが、こうした反応に表れたということです。この実験は、六～一二カ月の赤ちゃんを対象にして、行われたものです。つまり、赤ちゃんが、非常に早い時期から社会的随伴性に敏感であることを示しています。

赤ちゃん学と「心の理論」の有効性

……社会的随伴性ともかかわることだと思いますが、赤ちゃんは、お母さんの顔色を伺って行動するというようなことはあるのでしょうか。

新規な事象や曖昧な事象に対する他者の表情や声の手がかりを、その新規な対象に対する自分の態度を決定するために参照することを「社会的参照」といいます。たとえば、見知らぬ人に近づこうとする時、赤ちゃんはその人に対して両親がどのように感じているかを察しようとするかもしれません。

たとえば、こんな実験があります。実験室で、赤ちゃんはまったく新奇な人に会わされたり新奇なおもちゃを呈示されたりします。そしてお母さんが、その新奇刺激に対して、肯定的な表情をするか、恐れの表情をするか、もしくは中立の顔をします。この結果、一二カ月児では、お母さんが恐れの表情を示した時、お母さんの近くにいる傾向が見られ、お母さんが肯定的な表情を示した時には、それらの刺激に近づいていく傾向が見られるといいます。

他にもいくつか類似した実験があり、結果はおおむね似ています。一歳までには、赤ちゃんは一般的にお母さんや保護者の感情的な信号を読み取り、自分自身の解釈に使用し、自分の行為を決定することができるようになります。それはおそらく、危険なものを回避するという重要な役割を担っているのだと思われます。

……他者理解のための重要な知見に「心の理論」があります。今の話ともつながりますが、「心の理論」は、赤ちゃん学において、どの程度有効性があるでしょうか。「心の理論」の専門家でもある板倉先生のご意見をお聞かせ下さい。

大人は、日常生活において、他者の気持ちを推しはかりながら生きています。他者の行動の理由を心的状態にもとづいて説明したり、他者の心的状態を推測したりする能力のことを「心の理論」といいます。そして、「心の理論」の成立を調べる中心的課題が「誤信念課題（False Belief Task）」です。

「誤信念課題」とは、『幼児期の他者理解の発達』（子安増生）によれば、次のようなものです。この課題は、マクシという男の子が主人公となるので「マクシ課題」と呼ばれています。

まず、このマクシの話を子どもに聞かせます。「マクシは、お母さんの買い物袋をあける手伝いをしています。マクシは、後で戻ってきて食べられるように、どこにチョコレートを置いたかをちゃんと覚えています。その後、マクシは遊び場に出かけました。マクシのいない間に、お母さんはチョコレートが少し必要になりました。お母さんは〈緑〉の戸棚からチョコレートを取り出し、ケーキをつくるために少し使いました。それから、お母さんはそれを〈緑〉の戸棚に戻さず、〈青〉の戸棚にしまいました。お母さんは卵を買うために出て行き、マクシは、お腹をすかせて遊び場から戻ってきました」。このお話を聞かされた後、試験児となった子どもには、マクシはチョコレートがどこにあると思っているかという問いが与えられます。この問いに対して、子どもが「緑の戸棚」を選択すると、マクシがもっていると思われる「誤信念」を推論することができたということになり、この課題をパスしたことになります。そして、三歳児ではこの課題に失敗し、四歳児になると成功することが報告されました。

私たちは誰でも好き嫌いがあり、それはひとによってさまざまです。大人であれば、自分の好きなものと他者の好きなものが違う場合があることを理解しています。このような理解の発達はいつから始まるのでしょうか。「心の理論」では、二歳を越える頃になると、自分の欲求と他者の欲求が異なることを知っていて、自分の好きなものに引きずられることなく、他者の好きなものを答えることができるようになるといいます。こうして他者と自分の欲求を区別し、他者の知識の理解や誤信念の理解へと続いていくと考えられます。

このように、「心の理論」は、赤ちゃん学においては、まさに発達の過程、とりわけ心の発達について数多くの知見を提供するものと考えられます。その意味では、「心の理論」は赤ちゃん学と共に深化・発展していくと考えていいだろうと思います。

……今日は、長い時間ありがとうございました。（2018.08.16）

渡辺正峰

感情はどこにあるのか……二つの脳から考える

わたなべ・まさたか
1970年千葉県生まれ。東京大学大学院工学系研究科博士課程修了。同助手・助教授、カリフォルニア工科大学留学などを経て、現在、東京大学大学院工学系研究科システム創成学専攻准教授およびドイツのマックス・プランク生物サイバネティックス研究所客員研究員。専門は認知神経科学。博士（工学）。著書に『脳の意識、機械の意識　脳神経科学の挑戦』、中公新書、2017、共著に『イラストレクチャー認知神経科学』オーム社、2010、『理工学系からの脳科学入門』東京大学出版会、2008、他がある。

感情も、視覚や聴覚、触覚などと同様に、脳の高次の部位が行うシミュレーションとともに生じるのではないか。たとえば、感情は、視覚ニューロンから受け取った情報に、扁桃体が反応して発汗や心拍数の上昇という身体反応を起こす。それをシミュレーションする前頭前野があるからこそ、意識としての「怖い」などの感覚が生じる。であれば、意識のハード・プロブレムが解ければ、同じような難しさをもつ感情のハード・プロブレムも、同じように解けるのではないか、と考えています。

……昨年一月に上梓されて話題を呼んだ『脳の意識、機械の意識　脳神経科学の挑戦』（中公新書、二〇一七）を読ませていただきました。右脳と左脳をつなぐ脳梁を切断して脳を二つに切り分けて、そこに機械でできた電気回路をつなげることで、機械的な回路に「意識」が宿っているかどうか覗いてみようという先生のアイデアには大変驚きました。実現するととても面白いと思いますが、その実験によって、今回のテーマである「感情」というものが、いったいどこにあるのかもわかるのでしょうか。哲学では意（意識）より情（感情）を基盤と考えたり、心理学では感情は身体によって構造化されているとも言われたりしていますが……。

私にとって感情は意識のごく一部で、やはり意識の方が広義だと考えています。ただ、感情に大きな役割をもつといわれる扁桃体は、たとえば「怖いこと」に対して発汗や心拍数の上昇という身体反応を起こさせますが、前頭前野、とくに一番底のOFC（Orbitofrontal Cortex）と呼ばれる眼窩前頭皮質が壊れていると、身体反応としての感情表出は起こるけれども、「怖い」という感情は起こらないという臨床報告があります。これは感情が意識からはみ出している部分かもしれません。意識的な感情は扁桃体と身体反応、つまり発汗や心拍数の上昇といった扁桃体が起こす身体表出を含めて、それを脳が解釈しないと得られない。

感情表出そのものは、よくできたロボットやアンドロイドであれば簡単にプログラミングできてしまうでしょうし、今流行のディープ・ラーニング（深層学習）で繰り返し覚え込ませれば、そのように反応するようになるでしょう。けれどもそこにはなぜ感情がわいていないのか……、つまり私たちがそう感じるような「感じ」というものがなぜ生まれてないのかは、やはり謎のままです。

また一方、意識の定義にもじつにさまざまなものがあります。そこでは感覚意識体験としてのクオリア（意識）の問題、そこに生じる解釈としての意識の問題、解釈によって得た意識の意味や価値の問題、過去の体験や記憶の問題、そしてそこに伴う私たちが感じる感覚やいわゆる感情の問題、さらには言葉に多義的な意味を含みやすい日本語特有の問題など、さまざまな問題が一挙に俎上に上がってしまって、だから混乱してしまうんじゃないかと

渡辺正峰
『脳の意識、機械の意識　脳神経科学の挑戦』　中公新書、二〇一七より

第5章
意識は情報か、アルゴリズムか

仮想現実の神経回路網への実装——生成モデル

脳の仮想現実システムは、どのような形で脳の神経回路網に実装されうるだろうか。一九九〇年代初頭に、川《かわ》人《と》光男《みつお》（一九五三〜）とデイヴィッド・マンフォード（一九三七〜）がそれぞれ独立に提案した生成モデルを取り上げる。

従来、脳の視覚処理は、低次視覚部位から高次視覚部位に至る複数の直列的な処理を経て完結するものと考えられてきた。第2章では、この伝統的な考え方にもとづいて、脳の視覚処理を説明した。

対する生成モデルでは、入力と出力の関係をひっくり返し、高次から低次への処理の流れを重視する。生成モデルの「生成」は、高次の活動をもとに低次の活動を出力することを指す。しかし、ここで不思議に思う方もいるだろう。脳の基本構造からすれば、低次の視覚部位の方が感覚入力に近

も考えています。

ですから一度交通整理をする必要がある。たとえば日本語では、意識という言葉は理性的な意味合いを含みやすいのですが、そういう意味合いが一切ない素のままの「意識」ということから始めます。というのが、私の基本的なスタンスであり、出発点なんです。

脳という電気回路に「意識」が生じる不思議

……本の冒頭でも意識の定義に一章を割いておられますが、先生の出発点となる意識とはどういうものなのか、先生はそれをどのように定義されていらっしゃるのでしょうか。

私の言う意識とは、近代哲学の父であるデカルトが真理を追究するために疑わしいことをすべて排除して、でもどうしても排除できなかった「我」、つまり「我思う、ゆえに我あり」の「我」です。それを極限まで還元すると、「見える」「聴こえる」「におう」「味わえる」「さわれる」といった感覚意識体験、つまり「クオリア」に行き着くと考えました。

クオリアは、直感的に理解してもらえないとなかなか伝えにくいんですね。「見える」ことでいえば、人間の目はよくカメラのレンズ構造にたとえられます。最近のデジカメならCPU（中央演算素子）を実装して顔も検知できるし、そこにピントを合わせることもできます。でも、私たちのように顔を見ているわけではありません。同じように外界の情報を処理しているとしても、私たちには「見える」という意識が伴っている。この違いはとても重要で、これからの私の話の基本となります。とりあえずここでは、単に見えている、聞こえている……ことがクオリア（＝意識）だと考えておいてください。

重要なことは、デジカメが捉えた外界の像にも、そのプロセスにも、クオリアは一切生じていないということです。あたりまえすぎてかえってわかりにくいかもしれませんが、私たちが通常見聞きすることはすでにクオリアを伴っています。この本の冒頭に挙げた両眼視野闘争の実験では、右目は縦縞だけ、左目は横縞だけを見えるようにして同時に両目で見ると、縦縞と横縞が数秒間隔で入れ替わ

いことは否定のしようがない。

ただ、さすがの生成モデルも、この基本構造までもを、ひっくり返してしまうわけではない。「低次の活動を出力する」の意は、高次の活動をもとに、低次の活動の「推測値」を出力する、ということだ。そのうえで、この推測値と感覚入力由来の低次の活動とを比較し、その誤差を算出する。そして、その誤差を用いて、高次の活動を修正する。

つまり、生成モデルの最終目標は、高次視覚部位の活動を、外界を正しく反映させたものにすることであり、この点に関しては、従来の考え方と変わるところはない。異なるのは、低次から高次への一回の処理で得られた高次の活動を鵜呑みにするのではなく、それが正しいかを、生成過程を通して確認することだ。

まずは具体的なイメージをつかんでもらうために、二つの視覚部位からなる生成モデルから説明しよう。

もっともシンプルな生成モデルと「電話連絡網」

生成モデルのもっともシンプルな形は、高次と低次の二つの視覚部位からなるものだ。その生成過程を、「電話アンケート」ならぬ「電話連絡網」に

ります。どちらも見えているはずなのに、どちらか一方の縞しか見えない。しかし脳のなかでは、どちらの縞の情報処理も同じように行われ続けています。この時の、見えてない方がクオリアのない視覚、つまり視覚入力があるにもかかわらずクオリアが生じていない状態であると考えられます。意識のない視覚、ということですね。

一方さまざまな錯視図形は、ある条件下では、私たちが物理的に計測される図形とは違った図形を見ていることを教えてくれます。こうした事例からは、私たちが見ているものはかなりの程度、脳がつくり出していると考えられます。クオリアを伴わない視覚では対象である縞が見えないという事実は、逆説的に言えば、脳がわざわざつくり出さなければ、私たちはものを見ることができない、ということだと思います。

クオリアは、今のところ脳にだけ生じると考えられています。DNAの二重螺旋構造を発見して意識の科学の黎明期に貢献したイギリスの科学者フランシス・クリックが、「あなたはニューロンの塊にすぎない」と言ったように、脳はニューロンによって構成され、その後の脳科学の進展によってそのふるまいもかなりわかってきています。その結果、結局のところニューロンがつくる神経回路は、ちょっと手の込んだ電気回路にすぎないということがわかってきました。一方デジカメも、計算様式はまったく違いますが電気回路であることに変わりありません。じゃあなぜ脳にはクオリア（意識）が宿り、カメラには宿らないのか。考えてみると、これは非常に不思議なことです。

しかし脳には確かにクオリア（意識）が生じ、それは「我」という否定し難い意識の土台となり、さらにそこから喜怒哀楽などのさまざまな感情がわきおこってくる。一つひとつのニューロンの働きは十分に解明可能であるのに、それらが膨大な数で集まった時に意識が生まれる不思議。それが、意識の科学のメインテーマである「クオリア問題」です。

脳科学は今後ますます、脳という神経回路網のなかでおこっている情報の伝達経路を第三者的、客観的に解明していくでしょう。しかしどこかで突然、「私は見ている」という一人称でしか語れないようなことが生じてしまう。それはたとえば、デジカメが対象をどのように捉えるのかを、ずっと客観的な正しさで説明しようとしてきたのに、いきなり

たとえて説明しよう。

第2章に登場した電話アンケートは、電気スパイクの受け手としてのニューロンの役割に主眼を置いていた。一つのニューロンが、他のニューロンからの入力を受け、発火するか否かを決める過程を説明するものだ。

対する電話連絡網は、電気スパイクの送り手としてのニューロンの役割に主眼を置く。いざニューロンが発火したときに、他のニューロンにどのような影響及ぼすかを説明する。

では、具体的に、低次の視覚部位から見ていこう。

ここでは、低次の視覚部位のニューロンは点に反応するものとする。ヒューベルとウィーゼルの発見に倣って線分に反応するとしてもよいが、図が煩雑になり、かえって本質が見えにくくなる。全体のイメージがつかめた時点で、より実際に近いものについて言及する。

一方、高次の視覚部位には、「家」「木」などの記号（ラベル）に対応するニューロンが並ぶ。「家」ニューロンが発火すれば、視野に家が存在することを意味し、「木」ニューロンが発火すれば、視野に木が存在することを意味する。

これらの高次視覚部位のニューロン

「デジカメになるってどういうこと?」と聞かれるようなものです(笑)。もちろん従来の科学では扱ってこなかったことですし、何かどうしようもない難しさがある。それがこのクオリア問題だと言うことができます。

脳の回路に「意識」の源を求めて

脳の神経回路のなかでどこまでにクオリアがなく、どこからクオリアを伴ってくるのか、その境目が見つかれば、そこが意識の誕生の場であると考えることができます。ここからは、比較的扱いやすい視覚の神経回路で見ていくことにしましょう。

カナダ出身のデイヴィッド・ヒューベルとスウェーデン出身のトルステン・ウィーセルの二人の神経生理学者はアメリカの大学で出会い、一九五九年、網膜では点に反応していたニューロンが、脳の視覚情報の入口部分にあたる第一次視覚野では、線に反応していることを突きとめました。つまりニューロンがどんな視覚刺激に反応するかという応答特性は、脳の部位によって違うことがわかったのです。

第一次視覚野を経た後の脳の視覚処理は、大きくは主に形を処理する「腹側経路」と、動きや位置を処理する「背側経路」に分かれます。腹側経路は第二次視覚野から第三次、第四次視覚野を経て、最後はＩＴ(下側頭葉皮質)に至り、その間個々のニューロンは角や曲線、線分の交わりに反応するようになります。そして最後のＩＴでは、顔や手など特定の視覚対象にのみ反応するニューロンが登場してきます。それと同時に、ＩＴには中程度の複雑な形状に反応するニューロンも多く存在し、その組み合わせによって柔軟に対象の形が処理できていると考えられます。このようにニューロンの応答特性が多様化すると同時に、細かい差異があっても同じように反応する「般化」ということも起こっています。つまりずぼらになるというか、守備範囲が大きくなるというか……。これは高次の視覚部位に行けば行くほど顕著になります。

私の恩師で、現在ドイツのマックス・プランク生物サイバネティクス研究所でリーダーを務めるギリシャ生まれの実験脳科学者ニコス・ロゴセシスは、一九九〇年代にＩＴに狙いを定め、そこに意識の源を見つけようとする実験を行いました。両眼視野闘争を体験しているサルを使った実験ですが、その

の一つひとつが、電話連絡網で言うところの連絡係の役割を果たす。ここでは、一人の連絡係が複数人に対して電話連絡を行う、連絡網の最初の部分を想像してほしい。電話アンケート同様、鍵を握るのは、連絡係が連絡相手に対して引く専用電話回線だ。

まずは、「家」ニューロンに着目しよう。「家」ニューロンの役割は、それが発火したときに、低次視覚部位に家の形をしたニューロンの発火パターンを出現させることだ。これを実現するための専用電話回線の引き回しは簡単だ。引き回した先が家の形をしていればよい。これにより、高次の「家」ニューロンが発火したときに、低次視覚部位の中で、その家の形の位置にあるニューロンへと電気スパイクが送られる。そのうえで、これらのニューロンの発火のための閾値を低めに設定しておけば、家の形の発火パターンが低次視覚部位に浮かび上がる。

もちろん、高次視覚部位には、「家」ニューロンの他にも、「木」ニューロンや「人」ニューロンなど、さまざまな視覚対象物に対応するニューロンが存在する。同様にして、「木」ニューロンであれば、木の形に専用電話回線が広がり、「人」ニューロンであれば、人の形に専用電話回線を引き回すこ

結果ITでは約八割のニューロンが、後の実験により第一次視覚野では約一割のニューロンが、両眼視野闘争に反応しました。つまり意識内容の変化に連動して活動を変化させるニューロンが、脳のなかには一定数存在しているということですね。さらに彼の弟子は、両眼視野闘争に反応したニューロンでも、反応する時と反応しない時があることを実験で明らかにしました。つまり高次部位から低次部位まで、脳のいたるところに意識の兆候は見られたものの、その源を特定することはできなかったわけです。

　意識の源は、クリックとアメリカの脳科学者クリストフ・コッホの共同の論文における提案により、NCC（Neural Correlates of Consciousness）、すなわち「固有の感覚意識体験を生じさせるのに十分な最小限の神経活動と神経のメカニズム」と定義されています。NCCはその後も、脳や頭蓋を傷つけないで脳計測できるfMRI（機能的核磁気共鳴）によるヒトの両眼視野闘争中の脳活動の測定や、TMS（経頭蓋磁気刺激）で生じる視野の欠損を利用するなど、最新の機器や手法を使ったさまざまな実験でその所在の追求が続けられています。

　とくに二〇〇〇年代に入って実用化されたオプトジェネティクス（光遺伝学）は、光刺激を使って人工のイオンチャンネル（光感受性イオンチャンネル）をニューロンに形成し、大脳皮質だけでも数十種類あるニューロンの種類ごとに、その活動を自在に操作できるようになっています。私自身もこれをラットやマウスに使って、「ビジュアルバックワードマスキング」、つまり後から提示した視覚刺激が、それ以前に提示した視覚刺激を追い越して見えなく（マスク）する錯視を応用した実験を行っています。

　刺激が意識にのぼるためにかかる七〇から八〇ミリ秒の持続的なニューロン活動と、そのニューロンの活動を阻害するオプトジェネティクスを組み合わせることで、NCCのありかを探る実験です。こうした実験は、ニューロンの活動を直接人工的に改変してその影響を調べる手法から、「操作実験」と呼ばれています。幸いなことにオプトジェネティクスは現在進行形で目覚ましい進化を遂げつつありますから、今後は操作実験もいっそう進展し、NCCのありかへと肉迫していけるに違いありません。

とになる。以上が、生成モデルの要となる生成過程だ。

生成誤差の計算

　さて、次に進む前に、一つことわっておかなければならない。実は、低次視覚部位は三つの層から成る。さきほど登場したのは、生成過程を反映する「生成層」であり、その他にも、感覚入力を受ける「感覚入力層」、そして、両者の誤差を算出する「生成誤差層」が必要だ。

　生成モデルの次のステップは、生成層と感覚入力層の間の誤差、すなわち、生成誤差を計算することだ。はじめに、感覚入力層について説明しよう。これは、外界の光を受けて活動する網膜をストレートに反映するものだ。低次視覚部位が「点」に反応すると仮定したことにより、このように簡単化される。つまり、視野に家が存在すれば、家の形の発火パターンが浮かび上がり、木が存在すれば、木の形の発火パターンが浮かび上がる。

　生成誤差は、この感覚入力層の活動パターンと生成層の活動パターンとの間の違い、すなわち誤差に相当する。高次由来の生成層と感覚入力由来の感覚入力層との間で、答え合わせをしていることになる。

「意識のハード・プロブレム」の難しさに向き合う

ただ、現段階でわかっていることは、やはり脳とは一風変わった電気回路にすぎない、ということです。もちろん規模は膨大で配線はとても複雑ですが、その過程であるニューロンの働きと、そのニューロンが集団となった神経回路としての局所演算には、謎めいたところは何も見つかりません。またロゴセシスたちの実験からは、視覚系の高次であってもクオリアを伴う視覚世界がそのままのかたちで表現される脳部位はなく、脳のどこかに意識の中枢（NCC）があるという考え方は、今のところ証明されていません。

多くの実験結果は、意識と非意識が脳の広範囲にわたって共存していることを示しています。つまり意識と非意識の境界は脳の低次部位から高次部位へ至る経路のどこかにあるのではなく、それぞれの部位に複雑に入り組みながら存在している可能性が高いと考えられます。とはいえこれでは依然として、そうしたニューロンの反応の連鎖にいかにしてクオリアが宿るのかを解明したことにはなっていません。

一七世紀の哲学者であり数学者であったライプニッツは、脳を風車小屋に見立て、そこに意識が宿ると仮定し、次のように主張しています。「意識の宿る風車小屋」では、風を受けて粉を挽くという目的機能（客観）については、そのしくみを余すところなく解明できたとしても、風車小屋の意識（主観）はどこにも見当たらないと。同じことを現代に生きるオーストラリアの哲学者デイヴィッド・チャーマーズは、前者を「意識のイージー・プロブレム（容易な問題）」、後者を「意識のハード・プロブレム（難しい問題）」と呼びました。とくにこの客観と主観をつなげて説明できないことを、アメリカの哲学者ジョセフ・レヴァインは「説明のギャップ」と呼んでいます。この「意識のハード・プロブレム」を乗り越えることがいかに難しいか、何となくでもわかっていただけたでしょうか。

では、どうしたらこのギャップを超えられるか。その思考実験の一つが、「サーモスタットに意識は宿るか」という、一九九〇年代に提示された設問です。冗談のようなこの問いに、二一世紀の今も、意識の専門家たちが侃々諤々の議論を繰り広げているのです。ご存知のようにサーモスタットは、室温に

図5-9の例では、外界に家と木の両方があるのに、高次視覚部位で発火しているのは、「家」ニューロンのみだ。よって、感覚入力層には、木と家の両方の発火パターンが浮かび上がるのに対して、生成層には家のみしか浮かび上がらない。

生成誤差は、感覚入力層の発火パターンから、生成層の発火パターンの「引き算」によって得られる。この引き算を行うために、生成誤差層へと向けて、感覚入力層からは正のシナプス結合、生成層からは、負のシナプス結合をそれぞれまっすぐに引く。

そうすると、「家」に関しては、感覚入力層と生成層からの、正と負の入力が打ち消し合うのに対して、「木」に関しては、感覚入力層からの正の入力のみとなる。生成誤差層のニューロンの発火の閾値を低く設定することにより、「木」の発火パターンがそこに浮かび上がる。

生成誤差を用いて記号表象を更新

生成モデルの最終ステップは、さきほどの生成誤差を用いて、高次視覚部位の活動パターンを修正することだ。この過程は「電話アンケート」を使って説明することができる。

修正のそのココロは、「犯人探し」で

合わせて冷暖房の出力を調節する装置です。熱膨張率の異なる二枚の薄い金属片を重ね合わせ、室温による膨張の差を利用してスイッチをオン／オフします。この時サーモスタットは、比喩ではなく寒さ／暑さを感じているか、という設問です。

これに対し「意識のハード・プロブレム」の提唱者であるチャーマーズは、感じているし、サーモスタットに意識はある、と言っています。私も最初は、「まさか!」と思いました(笑)。しかしよくよく考えてみると、もちろん私たちが寒くて鳥肌が立ったり暑くて汗をかいたりするような身体的な反応はないけれど、室温情報を自らの変形として保持するサーモスタットには、ミニマルなクオリアが宿っていると言ってもいいかもしれない。そのくらい意識って何なのか、私たちはあきれるほど知らないということなんですね。

……物質から意識が生まれるはずはないというのは、私たちの単なる思い込みなのかもしれませんね。ご著書で紹介されているチャーマーズの仮説では、月の裏側にぽつんと置かれた石も、太陽光によって容積を膨張させたり収縮させたりするのであれば、自分の温度という意識をもつことになるということですが、それも頷けるような気がします。

ええ、確かに目からウロコが落ちるというか、とてもシンプルで魅力的な仮説です。であるならば、機械にも当然意識が宿ることになるわけですね。私自身はこの仮説を支持しているわけではありませんが、次にお話する「自然則」の必要性を訴えた、エポックメイキングな説だと思います。

客観と主観は関連している、という自然則とその証明

主観を中心に扱ってきた心理学が脳計測のテクノロジーと出会い、認知神経科学が生まれ、ようやく主観とニューロンの関係を語ることができるようになりました。しかし認知神経科学では、意識内容の変化とニューロン活動が連動するとか、操作実験で対象のニューロン活動を阻害すると意識に影響が及ぶという言い方はしても、ニューロンの活動によって意識が生まれる、とは言わないのです。誰もが意識のハード・プロブレムの存在を知りながらも

ある。高次視覚部位のどのニューロンが発火した、もしくは発火しなかったせいで、生成誤差が生じたかを特定したい。

さきほどの例では、木の形の生成誤差が盛大に生じていた。この場合の「犯人」は明らかで、本来発火するべき「木」ニューロンが発火しなかったため、その形の生成誤差が生じたことになる。

その「犯人」には、電話アンケートの要領で辿りつくことができる。高次のニューロンが低次の生成層へと引いている専用回線を、そっくりそのまま、生成誤差層から引いてくればよい。それにより、生成誤差層に木の発火パターンが出ていれば、「木」ニューロンの電話アンケートの集計結果が大きくなる。それを受けて、それまで発火していなかった「木」ニューロンが発火するようになる。つまり、ミスの犯人探しのみならず、そのミスをどのように修正するかも含めて、算出される。

さて、電話連絡網と電話アンケートの喩えを用いて、もっともシンプルな、二つの視覚部位からなる生成モデルを説明した。わかりやすくするため、低次視覚部位のニューロンが点に反応するとしたが、より実際の脳に近づけて、線分に反応するとしても本質的

そこに触れないのは、やはり解明ができない問題だからだと思います。

先ほどのチャーマーズの考え方の中心には、すべての情報は、客観的側面と主観的側面の両方を併せもつとする「情報の二相理論」があります。いささか突飛に思われるかもしれませんが、客観と主観を理屈でつなごうとするから「つながらないよ」となるわけで、その結果議論が同じところをぐるぐる回ってしまう。これを避けるためには、「すべての情報に意識が宿る」と前提して、それを疑わないことにする、ということです。

私自身は、現実として物理的・科学的機能や目的（客観）と意識（主観）が脳のなかで共存しているのであれば、その関係性を思い切りよく仮定して、「自然則」としてもうそれ以上問わないにしようと提案しています。ここで言う自然則とは、たとえば光の速度は一定である、とか、物体と物体の間には引力が働くとする「万有引力」のように、そもそもそうなっている、ということです。

もちろん勝手に提案するだけではダメですから、自然則であるためにはそうであることを検証できなければいけません。たとえばガリレオはピサの斜塔から大きさ（重さ）の異なる鉛の玉を落下させて、モノの落ちる速さは不変だという自然則を証明して見せました。これは重力以外の要素である空気抵抗が、証明に影響しない程度に小さくなるような重い玉を使ったからできた証明でした。現代のように真空に近い状態で実験ができれば、鉛の玉と羽毛でも、同じ速さで落ちるのを見ることができるでしょう。

しかし意識の自然則の証明は、この本に紹介したさまざまな実験を見ていただければ、余計な要素を取り除くことがいかに難しいかおわかりいただけると思います。万有引力の法則は、ニュートンが木から落ちるリンゴを見てひらめいたという有名な逸話があります。その話になぞらえるなら、意識の自然則では、まだリンゴは落ちてさえいない状態だと言えます。ですからさまざまな実験による探求は、今後ますます重要であるわけです。

一方で、解析的な思考によってそれをつくってしまおうという試みも始まっています。アナリシス・バイ・センシス（解析による創成）、つまり、つくりながらその仕組みを明らかにしていこうという手法で、ここでは、意識の宿る機械をつくる、という

には変わりない。低次視覚部位のそれぞれの層に、縦と横の視野内の位置に加えて、「傾き」という三つ目の次元が必要になるが、配線など、それ以外の部分については踏襲することが可能だ。

逆誤差伝播法

ただし、たった二つの視覚部位からなる生成モデルでは、捉えきれない重要な要素がある。それは、意識を考えるうえでも、とても本質的な部分だ。

その本質の正体については後のお楽しみとして、まずは、それを生成モデルに取り込むための、ある仕掛けについて説明したい。その仕掛けとは、近年の深層学習ブームの核心部分にもある「逆誤差伝播法」と呼ばれる学習則だ。逆誤差伝播法を一言でいえば、三層以上の神経回路網を訓練するための学習則ということになる。

巷《ちまた》を賑わせる深層学習は、高速化したコンピュータと膨大な学習用のデータ、そしていくつかの革新的なアイデアによって、一九六〇年代から存在する逆誤差伝播法が、ようやく花開いたものだとも言える。

この逆誤差伝播法には面白い歴史がある。世界的には、デイヴィット・

ことになります。もちろんコンピュータやロボットの人工意識もその試みの一つですが、単体のニューロンの機能が現代ではかなり解明されてきたことを受けて、チャーマーズは「フェーディング・クオリア」という、とても興味深い思考実験を提示しています。

私が今、目の前の赤いリンゴを見ているとしましょう。まず、私の脳のなかのニューロンの一つだけを人工ニューロンに置き換えます。この人工ニューロンが生体のものとまったく同じ機能をもち、神経回路に完全にうまくつながるとするならば、他のニューロンはその置き換えに気付くことなく、私は赤いリンゴを見続けられるでしょう。では、こうした置き換えを次々と続けていったらどうでしょう。私のクオリア（感覚視覚体験）は少しずつ薄れていくのでしょうか、それとも何回かの置き換えの時、パタリとクオリアは消失するのでしょうか。

人工のニューロンが完全であれば、チャーマーズは、たとえ脳の全ニューロンが人工に置き換わってもクオリアは残ると考えました。つまり機械にも意識は宿るというわけです。しかもチャーマーズは、脳のニューロンの全部でなくても、脳の特性が保持さえできていれば、実際よりはるかに少ない数のニューロンで機械にクオリア（意識）は宿るだろうと言います。このチャーマーズの論考が正しければ、ニューロンをかなり簡略化したとしても、その特性さえ保たれていれば、それによって構成される人工神経回路には意識が宿ることになる。

とはいえヒトの脳には千数百億個のニューロンがあり、そのそれぞれが数千のニューロンとの出入力を行っているわけですから、ある程度簡略化できるとしてもその実現は遠いと思われます。ならば、コンピュータでシミュレーションされた人工神経回路網ならどうでしょう。現在のコンピュータのCPUは私たちのニューロンより高速に情報を処理できますから、脳に匹敵する大規模な人工神経回路網の情報処理の過程をそのままシミュレーションすることも可能かもしれません。

物理的な置き換えとは多少手順が変わりますが、CPUが数千のニューロン分の情報を必要な精度と速度で計算できるとすれば、先ほどのチャーマーズの手法でニューロンを置き換えていって、脳をまるごとコンピュータのバーチャル神経回路に取り込むことができます。そしてそこには、やはり意識も宿

ラメルハート（一九四二〜二〇一一）、ジェフリー・ヒントン（一九四七〜）、ロナルド・J・ウィリアムズの三人によって、一九八〇年中頃に発明されたものだと認知されている。しかし、実際は、その二〇年も前に日本の誇る理論脳科学の世界的第一人者、甘利《あまり》俊《しゅん》一《いち》博士（一九三六〜）が提案したものだ。その歴史を紐解いてみよう。

神経回路網の理論研究は戦後間もなく始まっている。当時は、二つの層からなる神経回路網の学習の仕組みを対象に、盛んに研究進められていた。それが一冊の本によって状況が一変する。マービン・ミンスキー（一九二七〜二〇一六）とシーモア・パパート（一九二八〜二〇一六）による一九六九年の著書『パーセプトロン』である。その中で、二層からなる神経回路網が識別できる入力の理論的な限界が露わになってしまったのだ。

後の談によれば、本人たちはあくまで発破をかけるつもりだったらしい。だが、二人の期待に反して、研究者たちは理論脳科学から蜘蛛の子を散らすように去り、人工神経回路網研究は冬の時代を迎えることになる。

ミンスキーとパパートの著作が、そのような事態を招いてしまったもう一つの理由は、当時、三層以上の神経

り続けると考えられるわけです。

意識の自然則を主観から検証する

……そのように機械に意識が宿る可能性があるとしても、従来の客観的な科学的方法論では、そこに意識が宿っているかどうかを検証する方法がないんじゃないでしょうか。検証できなければ自然則としては認められないと思いますが……。

ええ、それが次の大きな問題です。これもチャーマーズですが、彼の思考実験に有名な「哲学的ゾンビ」というのがあって、外見やふるまいは人間とまったく同じでも、意識のない「all is dark inside（中は真っ暗）」な存在もあると想定されるからです。これは第三者的な観測、つまり客観に頼る限り意識の有無は見分けられないということです。これを突き詰めて考えていくと、私たちはすぐ隣にいる人に意識があるのかないのかさえ、じつは客観的に知る方法をもたないということになるわけですが、それはさておいても、客観的記述を信奉する従来の科学からはみ出す検証が必要となるわけです。

そこで私が提案しているのが、冒頭でもちょっと触れていただいた分離脳と機械を接続する方法、すなわち「人工意識の機械・脳半球接続テスト」です。

ヒトを含む動物の脳は、大脳皮質にしろ小脳にしろ基本的に左右一組でできていて、右の脳（右半球）は身体の左側、左の脳（左半球）は身体の右側をそれぞれ担当しています。松果体などその間にある部位もありますが、右半球と左半球は前交連、後交連、脳梁の三つの神経線維束でつながっています。それを「脳梁離断術」で外科的に切断した状態を、分離脳と呼んでいます。

分離脳は重度の癲癇症状の緩和のために行われることがありますが、当然のことながら、日常生活に支障をきたすようなさまざまな後遺症が報告されています。右手がシャツのボタンをかけるそばから左手が外してしまう、右手のフォークで食べ物を口に運ぼうとすると左手が邪魔をする、といった異常行動です。しかしそこでの主語は常に右側の身体です。その理由は、発話と言語理解を担う複数の部位、つまり言語野が左半球に集中しているためだと考えられます。私たちが聞くのは、左半球の声なんですね。

回路網を学習させる方法が存在しなかったことだ。つまり、二層の神経回路網の性能限界が明らかになる一方、じゃじゃ馬とも言えた三層以上の神経回路網については、それを手懐ける見通しが立っていなかったことになる。

これをきちんと説明しようとすると、ややこしい数式がたくさん出てきて、本書の範囲を超えてしまうため、ここではそのイメージだけでもつかんでほしい。

入力と出力の二層しかない神経回路網の学習は簡単だ。ある入力に対して出力を所望の状態にしたいとき、シナプス結合強度をどのように変更すればよいかは明らかだ。出力層のニューロンごとに、その出力を上げたければ、ヘブ則に従って、大きな入力を送るシナプスほど増強すればよいし、下げたければその逆を行えばよい。

これが三層以上になると、途端に難しくなる。入力層と出力層の間に挟まれた「隠れ層」のシナプス結合をどのように変化させればよいか皆目見当がつかない。

この問題に対して、とてもエレガントな答えを提案してみせたのが、先述の甘利俊一だ、偏微分という数学的手法を用いて、隠れ層にあるニューロンが、どのようにシナプス結合を変化さこのことから脳には右と左、二つの脳があり、二つの意識があるのではないかと考えられます。ノーベル生理学・医学賞を受賞したアメリカの神経心理学者ロジャー・スペリーは、左右それぞれの脳にしか見えない画像を使って、それが何であるか、口頭と用意された実物をつかむことで答えさせる実験を行っています。その結果、右目で見える画像は左半球の言語野を使って口頭で答えることができ、左目で見える画像は右脳が担当する左手でつかむことができました。しかし、左目で見える画像を口頭で答えることはできません。こうして脳には二つの意識が存在することを証明してみせたわけですが、これは健常者でも同じであると考えられます。

その後、脳半球間の神経連絡を詳細に分析する実験が広く行われるようになり、第一次視覚野から第四次視覚野までの中低次の視覚部位では、左右の視野からの情報を縫い合わせるようなかたちで神経連絡が行われることがわかってきました。この特徴は、IT（下側頭葉皮質）のような高次の視覚部位ではみられなくなります。つまり左右それぞれ独立した視覚体験が、中低次部位から高次部位へと伝達される脳のどこかで統合されていくので、私たちは右目の情報と左目の情報を一つの視覚体験として感受できているということになるでしょう。

「人工意識の機械・脳半球接続テスト」ではこれらの成果を援用して、脳梁を切断した分割脳の片方の脳半球に機械の半球をつなぎ――後の報告のことを考えると、言語野のある左半球を残し、右半球を機械の半球に置き換えることが望ましいと考えられますが――、そうしてつながれた二つの脳に一つの統合されたクオリア、つまり統合された左右視野が生まれるかどうかをテストします。もしそれが生まれたとすれば、その機械半球はクオリア（意識）を宿し、それが生体としての脳半球のクオリアとリンクしたことになります。それを被験者自身が主観的に語ることができるわけですから、これ以上の検証はないと思います。もちろん私自身が率先して、その被験者になってみたいと考えています（笑）。

意識は「神経アルゴリズム」から生まれる?

そんなことが本当にできるのか、意識に対する

せればよいかを導出した。一言で言えば隠れ層のニューロンは、それが出力を送る複数のニューロンの「意向」（出力を上げる方向か、下げる方向か）を忖度して自らの「意向」を決め、それが実現するようにシナプス結合を修正することになる。この学習則を「逆誤差伝播法（backpropagation）」と名づけたのは、二〇年後にまったく同じ学習則を再発見したラメルハートらである。

ちなみに、隠れ層の数が増えれば増えるほど、忖度に忖度を重ねることになり、学習がなかなかうまくいかなくなる。甘利俊一は、提案当時からこの問題に気づいており、そのため、日本人らしくとても控え目な提案となった。一方、二〇年後に再発見したラメルハートらは、アメリカ人らしい大らかさと図々しさで大々的に宣伝してまわり、それにより、第二次人工神経回路網ブームが生まれた。

昨今の深層学習の進展は、コンピュータの計算能力の増大とともに、この「なかなか学習が進まない」という逆誤差伝播法の弱点が、いくつかの新しいアイディアによって克服されたことによる。学習のたびに半分のニューロンを亡き者にしてしまう方法や、逆誤差伝播法を適用する前にさまざま

思考実験をもう少し進めてみましょう。

客観と主観の間を問答無用で結びつける意識の自然則において、主観とは、僕たちのクオリア（感覚意識体験）であることに異論はないでしょう。では、客観の対象としては何が考えられるでしょうか。チャーマーズの「情報の二層理論」は、それをごく一般的な「情報」であるとしています。イタリア出身で現在はアメリカで活躍する精神科医、神経科学者のジュリオ・トノーニによる「統合情報理論」では、それは「統合された情報の量」だとされています。トノーニの言う統合された状態とは、全体の情報量が個々の情報量の総和より大きい状態、と定義されています。

たとえば正方形の大きさと明るさというように、二つの情報に反応する二つのニューロンが同時に反応した場合、反応の仕方に違いがあれば、その情報が重ならないことや、重なっても重なり方が違うという情報が加わり、それぞれが別個に反応した情報の総和より情報量が大きくなる、というようなことです。しかし私自身は、客観の対象を情報と考えることには懐疑的です。なぜならそこでは、情報は意味をもって意識されていないからです。0と1に還元される情報がどのように意味をもつのか。そこには「解釈」という問題がまだ残っているんですね。

コンピュータにおいて情報を解釈するのはソフトウェアです。一元的に記述される0と1の情報の列をいくつかのまとまりにして数値に変換し、それをまた一元的に並べてスピーカーに出力すると音声が、モニタ上で二元的に並べれば図像が生成されます。このとき順番を一つでも間違えると、そこにはノイズができてしまう。つまりどのような情報をどのようにまとめるかを知ったうえで行われるのが「解釈」であるわけです。

脳内のニューロンの反応も同じで、反応自体は意味をもたないけれども、その反応がどの感覚器官に由来し、どう扱えばいいかを知っている神経回路網で解釈されるからこそ、意味が生じる。このことから私は、客観の対象は、ニューロンの反応（情報）そのものではなく、その情報を処理して解釈する「神経アルゴリズム」だと考えています。アルゴリズムとは、いわば計算の手順です。ですから神経アルゴリズムは、神経処理の手順ということです。

たとえば私たちは夢で、けっこうリアルな世界を

な手段によってシナプス結合を整えておくなどの方法が編み出された。

学習によって豊かな中間層表現を創る

逆誤差伝播法が実現する三層以上の神経回路網の学習は、脳の本質を捉えるという意味でも、とても興味深い。

それは、入力層でも、出力層でもない、その間に挟まれ隠れている層（隠れ層）による神経処理が構築されることだ。我々の脳で言えば、入力層は目や耳などにある感覚神経に相当し、一方の出力層は、四肢や眼球の筋肉、さらには、発話のための声帯筋を直接的に制御する運動神経に相当する。ただ肝心なのは、その間をつなぐ脳であり、ここに神経処理のエッセンスが集約されている。

生成モデルに目を向けよう。たった二つの部位からなる生成モデルでは、可能な処理が相当に限られていた。「家」ニューロンにしても「木」ニューロンにしても、それが発火した場合には、いつも同じ木や家が発火パターンとして生成層に出現する。しかし、実際には、家にしても木にしても、その三次元構造はいくらでも存在し、自身との距離や配置の角度が少しでも違えば、その見え方は当然変わってく

体験します。暗い部屋のベッドの上で寝ているとすれば、環境や自分の身体活動にはあまり影響されない状態で夢を見ているわけですから、それはほとんど脳がつくった世界だと考えられます。モノの物理的法則や、時には一緒に登場する誰かの行動や意思まで再現されますが、この脳がつくり出す仮想現実（バーチャル・リアリティ）は、ただ夢を見るためだけにあるのでしょうか？

たとえば事故などで腕や足を失った人が、失ったはずの腕や足の存在をリアルに感じ、それがあった時と同じ感覚で使えているような気がする、「幻肢」という現象があります。誰かが無理に幻肢を引っ張ろうとすると、痛みさえ覚えるといいます。これは、脳の仮想現実は覚醒中にも働いていることを示していて、僕たちのクオリア（感覚意識体験）も、それに大きな影響を受けている可能性を示唆しています。

この仮想現実がどのように脳内で実現されているのか、それを示すのが、脳の計算論的神経科学の専門家で、現在ATR脳情報通信総合研究所所長の川人光男先生や、イギリスの数学者デイヴィッド・マンフォードが、一九九〇年代初頭にそれぞれ独立に提案した生成モデルです。従来脳の視覚処理は第一次視覚野からITへ、つまり低次部位から高次部位への直列的な流れとして考えられてきました。しかし生成モデルは、高次部位から低次部位への処理の流れに重きをおいています。つまり高次部位での活動が、低次部位の活動に影響しているというか、ある種の指示を出している、ということですね。感覚器から受けた低次部位の情報を高次部位がとりまとめ、低次部位の活動の推測値、いわばシミュレーションの結果を返す。この場合のシミュレーションは、たんに見かけではなく、モノの形や表面の材質感、モノどうしの位置関係、光源など、CG画像のように三次元世界をそっくりそのまま脳内に再現すると考えられます。さらにこのシミュレーション結果と実際の低次部位の活動との誤差を用いて、情報のとりまとめ方や推測値の出し方といった高次部位の活動を修正するという、双方向の情報処理モデルとなっています。

私自身は、脳はこのようなシミュレーションを覚醒時も睡眠時も絶えず行っていて、夢のなかでは参照する現実がないので時折シュールな、現実とは異なる奇怪なことが繰り広げられることもあるけれ

る。それら無数のバリエーションについて、「家」ニューロンや「木」ニューロンを一つひとつ用意することはとてもできない。

また、二つの視覚部位からなる生成モデルのもう一つの制約は、三次元的な視覚処理が一切行えないことだ。たとえば、二つのものが観測者から見て重なったとき、当然、前のものが後のものを覆い隠す（遮蔽）ことになる。しかし、二つの部位から成る簡単な生成モデルでは、木と家が互いに半透明で透けているようなものしか生成できない。これは、ミンスキーとパパートが指摘した二層の神経回路網の制約から生じるものだ。

この遮蔽の問題を解決するためには、高次のニューロンとして、「手前」「奥」などの奥行き情報を追加しなければならない。また、そこからの生成過程には、三層以上の神経回路網を用意し、逆誤差伝播法を用いて学習させる必要がある。（後略）

多層生成モデルが実現する
リアルな脳の仮想現実

なぜ、我々の感覚意識体験はこんなにも「リアル」なのか。第1章の前半でも扱ったテーマだが、ここで改めて取り上げたい。

ども、現実、つまり感覚入力に由来する低次部位の活動との答え合わせが正常に続けられることによって、ニューロンの正常な反応がつくられ、そこにクオリア（感覚意識体験）も生じるのではないかと考えています。それを可能にするのが、意識のアルゴリズムであるわけです。

クオリア（意識）の探求から感情のありかを探る

……最後にもう一度お聞きします。そのように意識がアルゴリズムとして解明されれば、同時に感情の発生も解明されることになるのでしょうか。

今のところ私は感情も、視覚や聴覚、触覚などと同じように、脳の高次の部位が行うシミュレーションと共に生じるのではないかと考えています。先ほどの幻肢の例で言えば、ないはずの腕に腕があるという意識が生じているのは、これも自然則的に、脳の高次な部位で腕のシミュレーションが行われた場合、そこにあたかも腕があるような意識が生じるのだと考えられます。感情もまったく同じで、視覚ニューロンから受け取った情報に、扁桃体が反応して発汗や心拍数の上昇という身体反応を起こす。それをシミュレーションする前頭前野があるからこそ、意識としての「怖い」などの感覚が生じる。ですから意識のハード・プロブレムが解ければ、同じような難しさをもつ感情のハード・プロブレムも、同じように解けるのではないかと考えています。

最初にもお話ししたように、喜怒哀楽、さまざまな感情があったとしても、その感情表出自体はアンドロイドやロボットでもプログラミングでできてしまうでしょう。感情表出には、その程度の不思議さしかありません。

ポルトガルの神経学者アントニオ・ダマシオの有名な「ソマティック・マーカー仮説」では、外部からの情報刺激によって生じる身体的感情表出を受けて、前頭葉の腹内側部が、意識的な判断に先立ってその刺激が「良い」か「悪い」か選り分けることで、その後の意思決定を効率化するといいます。それゆえ理性的判断に感情は有効に働くとするわけですが、これにしても、過去の履歴をある種の形式で抽象化するシステムをつくり、そこに一

逆誤差伝播法を使って、あらゆる状況に柔軟に対応できる生成モデルを学習させることを考えよう。そのためには、生成過程の元となる高次の視覚部位に、多くの情報が要る。

第一に、「家」ニューロンや「木」ニューロンなど、さまざまな視覚対象の存在の有無を情報としてもっておく必要がある。それに加えて、家や木の三次元構造や表面の光の反射吸収特性など、視覚対象の特性を規定するニューロンが必要になる。

第二に、視覚対象の配置に関する情報だ。たとえば、自身を中心に据えて、そこからの相対的な位置や向きの情報が、すべての視覚対象に対して必要になる。

そして第三に、光源に関する情報だ。太陽であれば、それは昼間の明るい太陽なのか、それとも、朝夕の赤みがかった太陽なのか。その他にも月や電灯など、すべての光源の特性と位置が必要になる。

これらのさまざまな情報を入力として、逆誤差伝播法を通して出力が目指すのは、低次の視覚部位の活動パターンの再現だ。あらゆる状況で正確に再現するためには、隠れ層にはどのような表現が求められるだろうか。

三次元世界で我々が動き回れば、

定の閾値を設定し、閾値以上になると警告を発するようなプログラムである程度実現できると考えています。プログラムなら経験の全履歴をとっておけるし、確率や平均も計算できますから、ダマシオの言う意味で感情という言葉を使うなら、もっと精度の高い感情をつくることもできるし、それを「哲学的ゾンビ」に実装することも可能でしょう。結局は、一般的に感情と言われている多くのことが、だいたい機械的に再現できてしまうわけです。

私は、大きなフレームとしては先ほどの脳の高次の部位が行うシミュレーションの生成モデルで説明できると思いますが、視覚、聴覚、触覚などがそれぞれ異なったモダリティ（様相）をもつように、感情もまたその程度には、視覚、聴覚、触覚などとは違ったモダリティをもつのではないかと思います。

たとえばAIの将棋と棋士の羽生善治さんの将棋は、同じように可能性の枝分かれ（探索木）を十数手先まで読んでいると思います。その処理スピードはAIの方が圧倒的に早いはずですが、AIのように可能性を全部たどらなくても、直観的に次の一手がわかってしまうというような、羽生さんのハッという感じ。それが意識であり、視覚や聴覚、もちろん感情でもそういうことが起こっている。その難しさは同じなのだから、であれば、取り組みやすい視覚からやってみよう、というわけです。

脳の半球を機械の回路に接続するテストでは、機械の回路にはすでにニュートラルなクオリア（意識）があるという状態を想定しています。それを生身の脳の半球と接続することで、そこに統一された視覚体験が得られれば、意識のハード・プロブレムは解決されるわけです、さらに次のステップとして、脳から機械へと意識をアップロードしようとした場合には、チャーマーズがイージー・プロブレムとした、脳から機械への記憶の転送が大きな壁として立ちはだかります。記憶は、あくまでパーソナルなものであり、脳のディーテール、すなわち、無数のシナプス結合値によって表現されているからです。ただ、機械と接続されてからの経験については、機械に脳と同等の記憶のメカニズムをもたせることによって、問題なく機械と共有することができるはずです。よりチャレンジングなのは接続される前の記憶ですが、これにしても、夢や記憶の想起によって、おぼろげながらも機械側に移すことができると

それに合わせて、自身と視覚対象の間の相対的な位置が変化する。たとえば、手前に木があって、その奥に家があったとしよう。それらに対して、右側に自身が移動すれば、両方とも左のほうへと移動するが、手前にある木のほうがその度合いは大きくなる。また、自身が左右に配置された二つの視覚対象の真ん中に向かってまっすぐ進めば、左側の対象は左に移動し、右側の視覚対象は右側に移動することになる。

結局、いかなる条件でも低次の視覚部位の活動パターンを正確に再現するためには、三次元世界をそっくりそのまま、脳の中でシュミレーションしてしまうのが一番だろう。

CGを思い浮かべてみよう。大元となるのは、「家が存在する」「その前に木がある」「西日が差している」などのCG画像の設計仕様だ。

その仕様に記された視覚対象が、三次元モデルによって形を与えられ、その表面にテクスチャが貼りつけられる。対象物の三次元表面が出来上がったところで、今度は、環境中を飛び交う光のシミュレーションだ。光源から発した光は対象物の表面にあたり、光の反射吸収特性に応じて反射光が計算される。ここまでで、光あふれ

考えています。

意識を語る時に哲学的ゾンビの問題は避けて通れないというか、そこから語り始めなければならないのは確かです。けれども脳がシミュレーションを行うとする生成モデルや、それを可能にする神経アルゴリズム仮説が正しいとするならば、人とまったく同じように外界の情報を取り込んだり、それを処理する過程で評価や解釈したり、自己の記憶や経験を参照したり、それをもう一度感覚の受容へフィードバックしたりと、人間が行っていることが過不足なくできないと、人間とまったく同じように振る舞うことはできないでしょう。つまり人間とまったく同じように振る舞えていれば、それはもう中身が空っぽの哲学的ゾンビではなく、意識をもつ機械であると言うことができるわけです。ちょっとわかりにくいかもしれませんが……。

この本を書いた意図も、クオリア（意識）の問題は難しいけれど、いろいろ交通整理をしていけば、意識のアルゴリズムということに集約できるのではないか、という主張にあります。それがうまく人工の機械のなかに再現できるとすれば、私たちの意識はそのなかで永遠に生き続けることができるわけです。私自身、できればそんなふうに生き続けてみたい。と、そんなふうに考えてトライアル・アンド・エラーを続けています。

……本日は長い時間、ありがとうございました。

（2018.08.15）

る三次元バーチャル世界の構築は完成する。

CGの制作過程で、最後に登場するのがバーチャルのカメラだ。これにより、観測者の位置と視点が定まり、そこから見るバーチャルの景色が、最終的に映像となってあらわれる。

実は、生成モデルの一種でこれに近いものをすでに実現しているものがある。深層学習の流れの中で登場してきたもので、Generative Adversarial Network（GAN）と呼ばれるモデルだ。多層の神経回路網からなる生成過程に、逆誤差伝播法の他にも、真相学習のさまざまなノウハウを注ぎ込むことにより、本物と見紛うばかりの画像が生成されている。

このようにリアルな生成モデルでポイントとなるのは、高次の視覚部位がもつ記号的な表象から、三次元のバーチャルな世界へといったん表現が膨らみ、その後、二つのカメラに相当する眼球由来の低次視覚部位の表現へと収斂《しゅうれん》されることだ。

これこそが、最初に紹介した、たった二つの視覚部位からなる生成モデルには含まれない大きな特徴である。脳がバーチャルな視覚世界を創りだし、それが意識であるとする、レヴォンスオの「意識の仮想現実メタファー」仮説と深く関係する。生成過程の途中に出現する豊かな三次元世界は、脳の中の仮想現実そのものだ。

ところで、この仮想現実は視覚世界のみに限られない。五感および身体感覚、さらには無意識の意思決定や他人の意図理解など、多層の生成モデルによって高度に模擬されることで、我々の意識が形づくられている可能性が高い。

また、感覚意識体験の神経メカニズムが夢のメカニズムと同一であるとするレヴォンスオの主張との相性もよい。覚醒中には、感覚入力を用いた生成誤差の計算によって、脳の仮想現実は外界と同期するが、睡眠中には、その感覚入力がなくなり、生成誤差を計算することができなくなる。それゆえ、高次の記号的表象は外界の束縛を受けなくなり、一種の漂流状態に陥る。一方で、生成過程は働き続けるため、視覚世界としては、現実世界に即した辻褄の合ったものになる。

感情と情動……自己が自己を物語る時

信原幸弘

人間が動くのは、最後は情動で動くのであって、決して理性で動くわけではない。だから最後は自分自身の情動を動かさなければいけない。そしてその情動が捉える価値は自分のあり方に相対的な価値です。その意味で、それはまさに、究極的な相対主義と言えるかと思います。しかし、それは決して価値を自分の認識に相対的だとする主観主義ではありません。あくまでも、客観的な相対主義です。

のぶはら・ゆきひろ
1954年兵庫県生まれ。東京大学教養学部教養科卒業。同大学院理学系研究科科学史・科学基礎論専攻博士課程単位取得退学。博士（学術）。現在、東京大学大学院総合文化研究科教授。専門は科学哲学、心の哲学、認知科学の哲学。著書に、『情動の哲学入門　価値・道徳・生きる意味』勁草書房、2017、『意識の哲学　クオリア序説』岩波書店、2002、『考える脳　考えない脳』講談社現代新書、2000年、『心の現代哲学』勁草書房、1999、共編著に『シリーズ新・心の哲学』全３巻、勁草書房、2014、『脳神経科学リテラシー』勁草書房、2010年、『脳神経倫理学の展望』勁草書房、2008年、他多数。

無数の名もなき心の反応を含む「情動」という言葉

……今回の『談』は「感情生成……生の始まり」と題し、「感情」という言葉を使っていますが、昨年上梓された『情動の哲学入門　価値・道徳・生きる意味』（勁草書房、二〇一七）で先生は、一貫して「情動」という言葉を使っておられます。まずその理由から、少し詳しくうかがえますか。

喜怒哀楽といわれるように、一般的に感情は、自分でも意識的に感じられる心の動きをいいます。しかし心の動きは必ずしも意識されるものばかりではないのではないか。たとえば親しい友人がめでたく昇進した時、意識にのぼる祝福や喜びとともに、自分でも気付かない心のどこかに嫉妬心が生じているかもしれない。それは意識されなくても自分の行動や思考に影響を与えているかもしれない。そういう無数の名もなき心の動きをすくい取るためには、「感情」よりも「情動」という言葉の方がふさわしいと考えました。

喜怒哀楽はもちろん、恐怖、嫌悪、羞恥、罪悪感など、情動にはさまざまな心の動きが含まれ、その境界も明らかではありません。また情動は、心の動き、身体の生理的反応、状況の評価、行為の動機付けなどの多様な側面を含み、そのどれが情動にとって本質的なのか、なかなかわからないところがあります。私自身は、情動には必ず身体的な反応が含まれる、と考えています。それは、たとえば危険に遭遇した時、恐怖を感じ、それゆえに身体が反応し、心臓が高鳴ったり冷や汗が出たりするというような随伴的なことではなくて、まず身体が反応し、それを脳が感受して恐怖を覚え、それがまた身体にも反映されるというように、必ず脳と身体の相互作用として情動があるのだと考えるからです。

たとえ意識に上らなくても、そういう心の動き（情動）は頻繁に起こっていて、自分でも気付かないような仕方で自分にとっての価値や、この世界における価値の序列、もっといえば生きる意味

信原幸弘
『情動の哲学入門　価値・道徳・生きる意味』
勁草書房、二〇一七より

第9章　自己物語

2　人生と物語

私たちは自分の過去、現在、未来を展望しながら、何をするかを決め、そしてじっさいに行為することを通じて、自分の人生を紡ぎ出していく。それは自分の人生を一つの物語として語っていくことであり、そうすることで自分の人生に一貫した意味を与えることである。私たちは自分の人生を物語りつつ生きていくのであり、生きることは物語ることから切り離せない。そうだとすれば、人生もまた一つの物語ではないかという見方が浮上してくる。しかし、ゴルディは、人生を物語と同一視する見方を明確に否定する。なぜ彼はそのような見方を拒むのであろうか。

表象するものと表象されるもの

人生と物語を同一視することは、表象するものと表象されるものを同一視することであり、そこには重大な混同がある、とゴルディは言う。昨日ラーメンを食べたと私が語るとき、昨日ラーメンを食べたことは、私の語りによって語られること（つまり表象されること）であって、私の語り（つまり表象するもの）ではない。表象するものと表象されるものは明確に区別される。昨日ラーメンを食べたことではないし、逆に、昨日ラーメ

を捉えている。感情の「感」の字が意識的な感受を印象付けるのに対し、情動の「動」は身体的な反応を想起しやすい。あえてなじみの薄い「情動」という言葉を使ったのは、そういう意味を強調したかったからです。ポルトガル生まれの米国の神経科学者で、現代の情動の科学をリードするアントニオ・ダマシオも、まさに感じることをfeeling、今お話しした情動的なことをemotionというように使い分けています。

……情動という言葉を使うことで、意識に上る感情も、意識に上らない感情も、無意識に思考や行動につながる感情も、ぜんぶ同じように俎上に乗せようということですね。

ええ。その広範な実態を明らかにするためには、日常的な経験を反省するばかりではなく、科学の力を借りて、私たちのからだの神経ネットワークの活動の実態を解明する必要があると考えています。神経ネットワークは脳ばかりではなく、たとえば腸にも、腸管神経系という膨大な神経ネットワークがあり、それが脳とも緊密な信号のやりとりをしていることが知られています。それらがどのように連絡し合って全体的な活動が成立しているのか、情動を考えるためには、そうした科学的な知見も不可欠であると考えています。

情動とその判断が、世界の価値を捉える

……情動は、私たちの価値や意味に大きくかかわっているとのことですが、それはどのようなことでしょうか。

私は情動を、知覚のあり方とパラレル（並行的）に考えてきました。知覚が世界の事実的な

ンを食べたことは昨日ラーメンを食べたと語ることではない。両者は語るものと語られるもの、表象するものと表象されるものの関係にある。それらはけっして同じものではない。人生とその物語も、表象されるものと表象するものの関係にあるのであって、明確に異なる。人生を物語と同一視するのは、表象されるものを表象するものと同一視することであり、重大な混同を犯しているのである。

表象するものと表象されるものは、通常は明確に区別され、混同されることはない。「トラ」という言葉はトラを表象するが、「トラ」という言葉とトラが混同されることはない。しかし、まるで生きているかのような見事なトラの絵を眼にすると、それが本物のトラのように見えてぞっとするということがある。そこでは、トラの絵をトラと混同する誤りが多少なりとも生じている。このように、ときには表象するものと表象されるものの区別が紛らわしくなることがある。人生とその物語も、表象するものと表象されるものの区別が少し紛らわしいケースかもしれない。しかし、そうであったとしても、それらはあくまでも厳然と異なる。人生と物語は明確に区別されなければならない。そうゴルディは主張する。

人生の物語性

人生は表象されるものであり、物語は表象するものであるから、人生は物語ではない。このゴルディの主張はまことに明快であるようにみえる。しかし、よく考えてみると、事態はそう単純ではないように思われる。たしかに私は私の人生を語る。そのかぎりでは、私の人生は私の物語によって表象されるもので

あり方を認識するように、情動は世界の価値的なあり方を認識すると考えられ、そうすると、知覚のプロセスは情動のプロセスの良い手がかりになるからです。

たとえば目を開けて赤いトマトが見えれば、私たちはそこに赤いトマトがあると知ることができます。しかし見るということができなければ、そのような事実を知ることはできない。聞く、嗅ぐ、触る……などもそうですね。つまり知覚経験は、私たちとって世界の事実的なあり方を知る唯一の窓口であるわけです。ただし知覚によって提供された世界が、そのまま事実だとしているわけでは必ずしもなくて、赤く見えるけれどもじつはそうではない、たとえば赤いライトに照らされているからそう見えるだけで、ほんとうはまだ青い……というように、知覚情報を受け入れつつも、時にはそれを覆すような判断を行ったりもします。

情動も同じように考えることができます。この犬は危険であるとか、この食べ物は汚いというように、世界にはさまざまな価値的なあり方があり、私たちはそこから何らかの刺激を受けて、恐怖や嫌悪の情動を抱きます。そしてそれにもとづいてこのイヌは危険だとか、この食べ物は汚いといった価値的な判断を行っています。ただし、情動の場合も、必ずしも情動が示す通りに価値判断を行うのではなく、この犬に恐怖を抱くけれども、本当はこのイヌは危険ではないと判断することもあります。情動と知覚の間には重要な違いもあります。それは情動が身体反応を本質的に含んでいる点です。情動は価値的なあり方に遭遇すると、それに応じて心臓の鼓動が早まったり、胸が締めつけられたり、内蔵が何かキュッとする。意識に上らなくてもからだのさまざまな箇所でさまざまな反応が起こっていると思われます。先ほど挙げた腸管神経系も、おそらくいろんな活動をしていて、さまざまな内蔵感覚が起こっているはずです。

つまり情動は、身体的反応を介して世界の価値的なあり方を感受すると考えられます。一方知覚は、身体的反応を介さないで、脳の処理だけで世界のあり方を感受する。そこが根本的に違う。しかし、そのような違いがあるとはいえ、知覚が世界の事実的なあり方への唯一の窓であるのと同

ある。しかし、私が私の人生を語ることもまた、私の人生に含まれる。私は昨日ラーメンを食べたと語ることは、私が昨日ラーメンを食べたという人生の一コマを語ることであるが、そう語ること自体が私の人生に含まれることでもある。それは私の人生の外にあって、外側から私の人生を語るのではなく、私の人生の内にあって、内側から私の人生を語るのである。

たしかに昨日ラーメンを食べたと語ることは、昨日ラーメンを食べたということではないし、そのことの内に含まれることでもない。それは昨日ラーメンを食べたということの外にあり、外側からそれを語っている。しかし、その語りは私の人生の内に含まれる。昨日ラーメンを食べたと語ることもまた、私の人生の一コマである。それは昨日ラーメンを食べたことが私の人生の一コマであるのとまったく同じ意味で、私の人生の一コマなのである。その証拠に、のちに自分の人生について語るときに、私は昨日ラーメンを食べたとあのとき語ったなあと語ることがありうる。

人生の物語が人生の内に含まれるとすると、人生と物語はそう単純に表象するものと表象されるものの関係にあると言うわけにはいかなくなる。私が言うことは嘘だと語ることが私の言うことの内に含まれてしまうと、嘘つきのパラドクスが生じるが、そのようなパラドクシカルな事態が生じないまでも、私の人生の物語が私の人生の内に含まれるとすると、私の人生と物語の関係は非常に複雑なものとなる。語るものと語られるもの、表象するものと表象されるものの区別はたしかにあるが、私の人生と物語はたんにそのように区別されるものとして明らかに異なると言うわけにはいかなくなる。それらはもっと複雑な関

様に、情動は世界の価値的なあり方への唯一の窓であり、その点で重要な類似性があると考えられます。

……世界がもつという価値的なあり方と、情動が捉える価値的なあり方との乖離が生じた場合、その情動による認識は間違っている、ということになるのでしょうか。

　知覚の場合、たとえば目の前のものが赤いトマトだと見えても、じつはそれは上手に描かれた絵だったということが起こることがあります。同じように犬を怖いと感じる場合も、よく見るとちゃんと頑丈な檻に入れられていて、決して危険な状態ではないということが起こることがあります。恐怖の情動は犬が危険だと捉えているわけですが、実際には危険ではない情動はこのように間違いを犯すことがあります。あるいは、とても強い人が、パンチ一発で犬を倒せるのに、それでもその犬に恐怖を覚えるとすれば、これもまた間違った情動だといえるでしょう。情動は一面的な刺激によって世界の価値的なあり方を捉えるために、ときに間違いを犯すのです。

　しかしそのような情動にもとづきつつも、価値判断の方はもっと多面的に世界の価値的なあり方を参照するために、時には情動をそのまま受け入れないで、むしろ情動の誤りを正して判断が下されることもあります。これも知覚と事実判断の関係と同じです。知覚における錯覚や幻覚を、判断の方が、世界の事実的なあり方を多面的に参照することで修正していくことがあるわけです。そう考えると、情動と判断が食い違った場合、多くはやはり判断の方が正しいということになります。世界の価値的なあり方を捉える情動という認識の仕方とは別に、人間は進化してこの判断という認識の仕方を備えるようになった。情動は人間以外の動物にもありますが、ここでいう判断は人間特有のもので、基本的には情動の誤りを正すために獲得してきたものだと考えられます。

係にあるのである。

　しかし、そうであるからといって、人生が物語だということにもならない。物語は人生の内に含まれるが、人生には物語でない部分もある。私が昨日ラーメンを食べたことは私の人生の一コマであるが、それは物語ではない。私の人生には物語ではない広大な部分が含まれる。しかし、私は昨日ラーメンを食べたことを今日語るし、それだけではなく、昨日ラーメンを食べることに決めたさいにも、その前の日は牛丼を食べたとか、腹の減り具合はまあまあだとか語っていたのであり、それらの語りもまた私の人生に含まれる。私の人生には物語でない部分が膨大にあるものの、物語である部分もかなりある。人生は物語ではないが、物語を含むものなのである。

　さらに、人生の物語でない部分のなかには「物語的なもの」がかなりある。私が昨日ラーメンを食べたことは物語ではないが、物語的である。私は自分の過去、現在、未来を展望して、いま何を食べるのが自分の物語を新たに紡ぎ出すうえでもっとも相応しいかを考慮して、ラーメンを食べることに決め、そしてラーメンを食べた。したがって、昨日ラーメンを食べたことは私の自己物語の新たな展開を実行に移したことであり、私の自己物語に基づく実践である。それは物語ではないが、そのような意味で物語的である。人生を物語と同一視する見方を動機づけているのは、人生にそうした物語的なものが含まれていることである。しかし、ゴルディが主張するように、物語的なものは物語ではないし、また、物語的でさえないものが人生の大半を占める。したがって、人生を物語と同一視するわけにはいかない。しかし、人生

情動は身体反応を通じて世界を直接価値的に捉える

にもかかわらず、判断が誤り、情動が正しいということもあり得ます。判断が多面的で総合的であっても、残念ながら常に正しいとも言えません。

たとえばある会社が不正な経理をしているとしましょう。調査をしても、帳簿にも聞き取りへの応答にも、不自然なところが見当たらない。であれば、問題はないと判断せざるを得ませんが、でも何か変だなという感じが残り続けることがありますこの変だという違和感、この一種の情動は、経理担当者の微妙な表情やそぶりを無意識的に受け取って、そこから不正を感じ取ったものです。もちろんその情動は間違っていて、単なる気のせいだということもありますが、そうではなく、後になって不正が発覚して、ああ、やっぱりあの情動は正しかったのだ、ということもあるわけです。判断は見つけられなくても、情動はちゃんと見抜いていたのです。

……刑事のカンとか、直感、雰囲気を読むというようなことですね。それは理由のない、非科学的なこととも言われていますが……。

刑事ドラマでは、科学的な捜査よりベテラン刑事のカンが正しいという設定がよくなされます。その方が、視聴者に喜ばれますよね（笑）。現実には科学捜査の方が正しいことが多いと思いますが、時には真実を告げる正しい情動もある。

私は、「正しい情動」という言い方をしていますが、「感じることに正しいも正しくないもない」とか、「そもそも価値は相対的なものだから、ある人にとって正しくても、別の人には正しくないことだってある」と、「正しい」という言葉の使用に強く拒否反応を起こす方も多くいます。ですから「適切な情動」と言い換えることもしばしばありますが、結局、同じ意味です。

は物語と物語的なものを含むのであり、その意味で物語性を有するのである。

3　自己物語の客観性

自己物語は自分の人生の物語であるから、フィクションではなく、ノンフィクションである。それは自分の人生のあり方、すなわち自分がかつて経験したこと、いま経験していること、やがて経験するであろうことに忠実でなければならない。自己物語は自分の人生という世界の客観的なあり方によって制約を受ける。しかし、この制約は科学的描写が世界の客観的なあり方によって受ける制約と似たようなものであろうか。それとも、そこには何か重要な違いがあるのだろうか。自己物語が世界の客観的なあり方によってどのような制約を受けるかを考えてみよう。

真理性と客観性

ゴルディはノンフィクションの物語について真理性と客観性を区別する。ここでは、ノンフィクションの一つである自己物語にそくしてこの区別を見ていこう。まず、自己物語においては、それによって語られることが真でなければならない。私は昨日ラーメンを食べたと語るとき、私はじっさいに昨日ラーメンを食べたのでなければならない。また、それに続けて、そのラーメンはうまかったと語るなら、そのラーメンはじっさいにうまかったのでなければならない。

しかし、自己物語はたんに語られるのではなく、語り手（つまり自分）の視点から語られる。したがって、語られることにたいする自分の評価（情動や価情動について正しい／正しくないということを問題にするのは、冒頭でお話ししたように、それが世界の価値的なあり方を捉えるものだと考えるからです。情動について正しい／正しくないと述べることを不快に感じる人は、情動を、単に心に浮かぶあれこれの感じとしか考えていないからではないでしょうか。私にとっての情動とは、世界の価値的なあり方に照らして正しい／正しくない、つまり真か偽かを言えるものなのです。

こうした考え方は「情動の認知説」として、二〇世紀の後半に登場してきました。情動が世界の価値的なあり方を捉え、それにもとづいて身体的な反応がおこるという考え方です。これに対して、それ以前は、アメリカの哲学者で心理学者のウィリアム・ジェームズや、デンマークの心理学者カール・ランゲが、「悲しいから泣くのではなく、泣くから悲しいんだ」という有名なジェームズ＝ランゲ説を唱えていました。もちろんこれはかなり極端な見方ですが、最初にお話ししたように、身体的な反応は情動の付随的な側面ではなく、まさに情動の本質的な側面だということをしっかり捉えています。

さらに二〇世紀の終わり頃になると、ダマシオが、情動は身体的反応を脳で感受したものだとして、ジェームズ＝ランゲ説を復活させるとともに、認知説に反旗を翻しました。ただし、ダマシオは情動が世界の価値的なあり方の指標となって、意思決定に寄与するという「ソマティック・マーカー仮説」を唱え、認知説の一面もすくい取っています。このダマシオの見方をさらに一歩進めて、身体的反応を重視するジェームズ＝ランゲ的な見方と世界の価値的なあり方の認識を重視する認知説的な見方の統合をはかったのが、アメリカの哲学者のジェシー・プリンツです。彼によれば、情動は身体的な反応を感じつつ、同時に世界の価値的なあり方を、文字通り直接捉えているのだと言います。

私自身は、世界の価値的あり方と身体的反応の関係についてもう少し考察を加えて、身体的反応が意識されなくなることで世界の価値的なあり方が直接立ち現れると言いたいですね。身体的

値判断）を示しながら、それは語られる。あのラーメンはうまかったと自嘲気味に語るとき、あんなひどいラーメンをうまいと感じてしまった自分にたいする情けなさ（語り手としての自分が感じる情けなさ）が示されている。自己物語に含まれるこのような評価は適切なものでなければならない。あのラーメンはうまかったと怒りながら語るなら、その怒りはあのラーメンがうまかったことにたいする適切な情動ではないであろうから、その語りは変なものになってしまう。自己物語は語られることにたいして適切な評価を示さなければならない。その意味で、それは客観的でなければならないのである。

ゴルディはこのように自己物語の真理性と客観性を区別する。自己物語が真だということは、語られることが真だということであり、自己物語が客観的だということは、語られることにたいする語り手の評価（情動や価値判断）が適切だということである。しかし、このように真理性と客観性を区別すると、フィクションの物語でも客観性が成立しうることになってしまうのではないだろうか。フォアグラを食べて、そのあまりの美味に感嘆したという架空の話を嬉しそうにするとき、嬉しいという語り手の情動は語られる内容にたいして適切だが、同じことを悲しそうに語れば、悲しいという情動はその内容にたいして不適切であろう。したがって、前者のフィクションは客観的だが、後者のフィクションはそうではないことになろう。

しかし、このようにフィクションについても客観性が成立しうるというのは、あまり望ましくない帰結であろう。というのも、ゴルディの客観性はノンフィ

反応は背景に退いていて、意識されない。だからこそ、対象が直接立ち現れる。これは、視覚において眼球や網膜が意識されないからこそ、見る対象が、私たちの前に直接立ち現れるのと同じことです。要するに、身体や感覚器官という媒介（メディア）は透明となることで、世界の価値的なあり方や事実的なあり方が直接立ち現れるのです。

　情動は透明化した身体を介して、世界の価値的なあり方を直接立ち現れさせるという仕方で、世界に志向的にかかわっている。だからこそそれが正しいか正しくないか、真か偽かを問うことができる。これが、知覚も含めて、私たちの経験の根本的な構造だと考えています。

なぜ情動を鍛える必要があるのか

……身体は世界を受動的に感受するばかりではなく、世界に能動的に働きかけていく場合もあり、そこには相互作用が生じていると考えられますが……。

　ええ、実際には私たちはからだを動かして世界からさまざまな刺激を探り出しながら、その刺激を受け取ることで世界を知覚したり、世界に対する情動を成立させたりしています。たとえば眼球は常に固視微動という不随意的な動きを伴っていて、細かく震えて刺激をつくり続けることで、私たちは対象を見続けられるということがあります。同じようなことはからだの各器官でも起こっていて、それがなければ知覚も情動も生じないでしょうね。

……情動的なカンより科学的な捜査、つまり客観的で合理的な手順の方が正しい場合が多いとのことですが、だとすれば情動には全幅の信頼は置けないのではないでしょうか。

クションに特有の特徴、つまりフィクションには見られないような独自な特徴を捉えようとしたものであるはずだからである。真理性はまさにそうである。それはノンフィクションに特有の特徴であり、フィクションの特徴ではない。そこで、客観性についても、ノンフィクションに特有の客観性が求められる。そのような客観性はないだろうか。ここで鍵を握るのは、語り手の評価の適切性である。ゴルディのように、それをたんに語られることにたいする適切な評価という意味で捉えると、ノンフィクションだけではなく、フィクションでもそのような適切性が成立しうることになってしまう。語り手の評価の適切性を何か別の意味に解することはできないだろうか。

　語り手の評価と語られる内容はじつはかなり複雑な関係にある。科学的描写は無視点的だから、描写する人が描写される内容にたいしてどんな情動や価値観をもっていても、それが描写される内容に投影されることはない。台風が日本を縦断したと科学的に描写するとき、そう描写する人が台風の日本縦断を悲しんでいても、その悲しみが描写内容に投影されて、大切なものが失われたということがその内容に加わることはない。しかし、物語は違う。物語は視点的であるから、語り手が語られる内容にたいしてもつ情動や価値判断が語られる内容に投影される。それはフィクションであるかノンフィクションであるかを問わない。どちらであれ、語り手の情動や価値判断は語られる内容に投影される。あのラーメンはうまかったと自嘲気味に語るとき、あんなラーメンをうまいと感じたことへの情けなさが語られる内容に投影されて、そのラーメンが本当はまずかったことや、自そうとも言えますが、私たちの情動能力は経験を積むことで鍛えることができると考えられます。子どもから大人への成長には正しい（適切な）情動を形成するという意味も含まれます。それは単に客観的・合理的知性で情動を鍛えるという面ばかりではなく、それこそ生きて経験を積むというだけで情動が教育され、鍛えられていくという面がある。

……ご著書では、そのように情動が教育され、鍛えられることで正しい情動が形成され、それによって世界の正しい価値的なあり方が捉えられるようになるとし、それを「徳」という言葉で語っておられます。その場合の徳とはどういうことでしょうか。

情動能力を鍛えることで、常に適切な情動を抱くことができれば、判断を待たなくても情動的な反応だけですべてのことをスムーズに運ぶことができるでしょう。常に正しい（適切な）情動を抱き、それにもとづいて振る舞うような人を「徳のある人」と言い、倫理学では、そのような徳（virtue）こそがもっとも重要であるとされています。つまり理想的な、聖人のような道徳的実践です。私の理想もそこにありますが、残念ながら普通の人間はそれほど高貴な徳をもつことができないので、情動だけではうまくいかない、ということになるわけです。

……とくに昨今は、高貴ではない情動の方が表に出やすくなっているようですね。

そうですね。ただ、それは今に始まったことではなく、人間は大昔からずっとそうだったように思います。ただ、近年では情動を伝達する手段が非常に強力になり、情動の感染が一挙に広まるようになったとは言えるでしょう。そういう現象が顕著なので、昨今とりわけて扇情的なふるまいが増えたように感じますが、人間はもともと扇情的な動物で、面白おかしく噂話をして、気分を

分がじつに貧しい味覚しかもっていないことがその内容に付け加わる。フィクションの場合も、同様である。語り手の情動や価値判断によって捉えられた価値的なあり方が語られる内容に付け加わる。

　このように物語においては、語り手がその情動や価値判断によって捉えた事物の価値的なあり方が語られる内容となる。したがって、ノンフィクションにおいては、そのような内容も真でなければならない。あのラーメンはうまかったと自嘲気味に語るとき、そのラーメンがうまいと感じられたことだけではなく、そのラーメンが本当はまずいことや、自分が貧しい味覚しかもっていないことも、じっさいに成立していなければならない。それにたいして、フィクションにおいては、このような要求はない。フィクションは語られる内容の真理性を要求されないから、語り手がその情動や価値判断によって捉えた価値的なあり方が語られる内容になっても、それがじっさいに成立してることは要求されない。フィクションは語り手がもつべき情動や価値判断の点でも、ノンフィクションよりはるかに自由なのである。

　以上のような見方が正しいとすれば、結局のところ、ノンフィクションにおける語り手の評価（情動や価値判断）の適切性というのは、その評価が世界の価値的なあり方を正しく捉えているかどうかの問題だということになる。したがって、ゴルディのように真理性と客観性を区別する必要はとくにない。彼がノンフィクションの客観性として捉えようとした客観性は、語り手の評価の真理性（世界の価値的なあり方を正しく反映しているかどうか）の問題として捉えられる。自己物語もそうである。真理性と客観性を

たかぶらせるということは、もう本当に、人間の何か根本的なところにあると思います。そうした情動を鍛えて、徳のある人になっていくことは相当の修業が要ることでしょうが、まさにそれをやっていく必要があると思います。もちろん、情動伝染の強力な装置に対して、それなりの対処も必要でしょうが。

理性は常に情動に負け続ける

この本ではあまり強調していませんが、情動は世界の価値的なあり方を捉えるだけではなく、その価値にふさわしい行動を動機付けるという側面ももっています。この動機付けについては、それが情動の本質的な要素かどうかをめぐって、立場や意見が分かれるところですが、私は、身体反応と動機付けは、共に情動が本質的にもつものだと考えています。

それに対して、価値判断は、それ自体としては動機付けをもっていません。たとえばダイエット中の人の目の前においしそうなケーキが出てくると、食べたいという情動的衝動と食べてはいけないという価値判断のせめぎ合いが起こります。よくある日常的な葛藤ですね。そしてほとんどの場合、食べたいという情動の方が勝ってしまい、食べてはいけないと思いつつ、食べてしまうということが起こります。いわゆる意志の弱さですね。世界の価値的なあり方から見ると判断の方が「正しい」かもしれませんが、やはりつい手が出てしまう。たとえ踏みとどまって手を出さないことがたまにあるにせよ、行動の動機付けとしては、普通価値判断より情動の方が圧倒的に強いということができます。

だからこそ人は往々にして間違った行動をし、不幸な結果を招くことになるわけです。この場合、幸せな人生のためにもっとも良いことは、理性的な価値判断で情動を押さえつけて食べないようにすることだと考えられがちですが、そうではなく、そもそも食べたいという情動が起こらな

区別する必要はない。自己物語はようするに、世界の事実的なあり方と価値的なあり方の両方を正しく反映しなければならないという意味で真でなければならない。そしてそのように真であることが客観的だということであり、客観性は真理性と同じことを意味するのである。

自己物語の承認

自己物語は自分が経験する世界の事実的なあり方と価値的なあり方に照らして真でなければならないという意味で客観的でなければならない。しかし、どうすれば客観的な自己物語を語ることができるだろうか。そのためには、過去の記憶、現在の知覚、未来の想像できるだけ正しいものにする必要があろう。しかし、それだけではなく、自己物語が聞き手に受け入れられることも必要であろう。私が語る自己物語がそれを聞く人に受け入れられず、異論を招くようでは、自己物語の客観性は覚束ないであろう。もちろん、私の自己物語が客観的であるにもかかわらず、聞き手の受け止め方が歪んでいるために、聞き手に受け入れられないこともあろう。しかし、そのような場合でも、私の自己物語の客観的であることを正当化するためには、聞き手の受け止め方を正して、聞き手の承認を得るようにしなければならないだろう。

自己物語の正当化された仕方で客観的であるためには、聞き手にそれを承認してもらう必要がある。では、自己物語にかんして語り手と聞き手のあいだに食い違いがあるとき、どうすればその食い違いを解消して、聞き手に自己物語を受け入れてもらうよう

いことだと思います。それがまさに情動を鍛えるということです。カロリーが高いものやからだの健康に悪影響を及ぼすようなものは、見ただけで食べたくなくなるというように、情動を鍛え上げてあれば、あとはその強い動機付けに従えばいいだけですので、とても楽ですよね。

　価値判断を支えるような能力や傾向をもつ情動を獲得することが、徳を身に付けるということであり、孔子の言う、「心の欲するところに従えども矩《のり》を踰《こ》えず」という境地です。これはもう遥かな理想ということになってしまいますが、しかし私たち人間は、やはりそういう方向を目指すべきではないかと考えます。

……理性ではなく、情動の欲するままに行動しても、間違わないくらいに情動を鍛え上げる、ということですね。

　ええ、食べたいという情動が起こってしまうと、価値判断で抑制することは困難です。情動の動機付けはそれくらい強い。ですから抑制するのではなく、そもそも食べたいという情動が起こらないように、情動を鍛えようということです。一般的には、価値判断にもとづく意志の力で欲望を抑制することが人の美徳であると考えられていますが、いかにそのような意志が消耗しやすいものかということがいろんな実験によって確認されています。我慢はあっという間に限界に達して、誘惑に負けてしまう。もちろん我慢できれば、我慢しないよりはよいのですが……。

……かなり宗教的な鍛錬のイメージに近いですね。

　ほとんどの宗教は一種の情操教育だと思います。神学としては非常に理性的に構築されていても、その本質的な部分には、もっと情動的なものがある。神への愛とは、まずもって、文字通り情動

にすることができるだろうか。この問題を考察するためには、そもそも語り手と聞き手のあいだにどのようにして食い違いが起こるのかをよく理解する必要がある。ゴルディはそのような食い違いの興味深い例を挙げている。

　私は教会で行われた妹の結婚式にローラースケートで乗り込んで、皆を楽しませようとした。私がその話を面白おかしく語ると、それを聞いたあなたは、笑いながらも、内心では私の話に違和感を覚えた。そんなことをするのは妹から主役の座を奪うことであり、無礼きわまりない、とあなたは考えた。

　ここには、ローラースケートで結婚式に乗り込むことについて、それは面白いことだと考える私の評価と、それを無礼なことだと考えるあなたの評価のあいだに、大きな食い違いがある。その食い違いはおそらく私が自己中心的な性格であることに由来するのであろう。私はそのような性格であるために、妹のことをよく考えなかった。妹の気持ちを考えれば、ローラースケートで妹の結婚式に乗り込むことが面白いことではなく、むしろ無礼なことだと思ったはずだ。それゆえ、私はあなたの評価を聞くと、きちんと反省して自分の評価を改めるだろう。こうして私とあなたの食い違いが解消される。しかし、語り手と聞き手の食い違いはこれほど単純なものばかりではない。ゴルディはこの例を少し変えて、つぎのようなもっと複雑な例に仕立てあげている。

　私はあとで反省してみると、自分がそのとき自分勝手であったことに気づき、そのことを示そうとして、妹の結婚式にローラースケートに乗り込んだことをあなたに反省気味に語った。あなたはそれでも、

的なものだと思います。

もちろん理性抜きに、情動だけで鍛えられるものではありません。やはり情動が正しい（適切）／正しくない（不適切）ということを理性で的確に判断しながら、情動傾向を理性によって変えていくことが必要です。アリストテレスの徳倫理学が理性主義だといわれるのは、まさに理性によって情動を鍛えるという構造をもつからなんですね。正しくない（不適切な）情動を抱かないように情動能力を鍛える、そういう方向へ自分を仕向けることが理性の力というわけです。

一方カントの理性主義は、情動はとにかく排す。情動には一切煩わされず、意志の力で理性的に振る舞うことが道徳的だと言います。しかしこれは情動の恐ろしさを知らないというか、理性の力を過信しすぎた考え方だと思います。カントより少し年長の哲学者ヒュームは、「理性は情動の奴隷」だと言っています。にもかかわらず、その後に出てくるカントは、よほど理性の力が強かったのか、あるいは情動が弱かったのか、とにかく理性中心主義です。

正しい情動を阻害する「感情労働」

……そのお話は、本の第七章で扱われている「感情労働」にもつながるでしょうか。従来労働は、単純に肉体労働と頭脳労働に二分されてきましたが、サービス業やボランティアなど人と接する職業では自分の情動を押し殺して、礼儀正しく、笑顔を浮かべ、丁寧に応答することが求められます。つまり、不適切なかたちで情動を表出することを強いられてしまう、ということですね。

一般に人は、生きるためには働かなければなりません。その労働には、状況にふさわしくない情動を無理やり抱かなければならないことが少なからず含まれてくる。たとえば尊敬できない上司に対して尊敬しているように振る舞う、少なくとも尊敬していない素振りは見せないようにする

私が心の奥底では自分のしたことを格好よかったことだと思っており、それゆえ私にそのつもりがなくても、私が虚栄を張っているのだと感じた。

ここでは、ローラースケートで結婚式に乗り込むことについて、それを無礼だと考えるあなたの評価と、それをやはり無礼だと考える私の表面的な評価は一致している。しかし、私の心の奥底の評価とあなたの評価は一致しない。その不一致を解消するためには、私が自分の心の奥底の評価に気づき、それを改める必要がある。あなたが私の奥底の評価を私に指摘すれば、私はそれに気づくかもしれない。しかし、それは私の虚栄心によって強く抑制されているので、私がそれに気づくのはそう簡単ではないであろう。しかし、たとえそうだとしても、私とあなたは粘り強く対話を重ねていくしかないだろうし、そうすれば、やがて私はそれに気づき、それを改めるかもしれない。

ただし、私が心の奥底で自分のしたことを格好よかったと思っているとあなたが感じたことが間違っている可能性もある。私は心の奥底でも自分のしたことを無礼だと思っているのであり、表面的な評価と奥底での評価に違いはない。それはあなたが私の日頃の憎しみのゆえに曲解したのだ。そうだとすれば、改めるべきは私の話にたいするあなたの受け止め方である。それを改めるのは、それが憎しみによって支配されているがゆえに簡単なことではないだろうが、それでも私とあなたは粘り強く対話を重ねていくしかないだろう。そうすれば、やがてあなたは私の受け止め方の誤りに気づくかもしれない。

自己物語を聞き手に承認してもらうことは、とき

というようなことです。それがより顕著で、それ自体が労働であるような職業が、不特定多数の他人と接する接客業だといえるでしょう。

これは、対価を得るなどの利益につながる労働だから不適切な情動を強いられるのであり、そのように管理された情動がいわば商品となっています。そして強制される不適切な情動が適切な情動を押し殺してしまうことが、感情労働の悪い面だと考えられます。ですから仮に仕事に慣れて、営業スマイルなどの対応が自在にできるようになったとしても、それによってつらさは軽減されるかもしれませんが、適切な情動が抑圧された問題が解決されているわけではありません。

しかし、では、嫌な客には素直に嫌悪感を表せば良いかというと、それではすぐにクビになってしまうでしょう。多くの人はそれを避けるために、仕方なく感情労働に従事しているわけですね。

アメリカの哲学者であるタルボット・ブルーワーが指摘したように、感情労働の多くは相手に優越感を与えます。ウェイターに腰かけようとするイスを引いてもらったり、旅館の従業員がずらりと並んで迎えてくれたりすると、なんだか自分が偉くなったように感じます。つまりそういう優越性の承認欲求を満たすための労働であり、そこでは人間としての対等性が成立していません。これも感情労働の大きな問題点です。

さらにブルーワーは、そのような感情労働へ適応しようとする意思が、正しい情動の探求や鍛錬をも妨げることを指摘しています。ブルーワーにとっての情動の鍛錬——彼自身は「自己洗練」という言葉を使っていますが——は、自分が抱いた情動の意識的な明確化と、自分が置かれた価値的状況の判断を同時相即的に行うことによってなされるもので、情動を生存の手段にしてしまう感情労働はそのような自己洗練を妨げる点で、害悪だというわけです。私自身は、感情労働は自分の抱いた情動のなかでもとくに感情労働において求められる情動そのものの意識的な明確化をじつは妨げており、その点がより根源的な害悪であると考えます。

にきわめて困難である。しかし、たとえそうであったとしても、自己物語が正当化された仕方で客観的であるためには、それを聞き手に承認してもらわなければならないのである。

4　自己物語のフィクション化

ノンフィクションは世界の事実的および価値的なあり方に基づいて語られなければならない。しかしながら、しばしばノンフィクションは世界のそのようなあり方を無視して語られがちである。つまり、ノンフィクションでありながら、フィクション化が行われる傾向がある。自己物語もそうである。自己物語は自分の人生に基づいて語られなければならないが、往々にしてそれを無視して語られがちである。ゴルディは自己物語のそのようなフィクション化のあり方をいくつか取り上げ、それぞれの危険性を指摘しているが、ここではそのうちの一つに焦点を合わせて、それを検討してみよう。

情動的終結と物語的終結

ゴルディは情動的終結と物語的終結を区別して、情動的終結の欲求が満たされても、物語的終結の欲求が満たされるとは限らないことから、一つの危険なフィクション化が起こると指摘する。たとえば、突然の原因不明の病気で子供をなくした両親がいるとしよう。彼らは悲しみに打ちひしがれていたが、やがて子供の死を受け入れて、悲しみを乗り越え、前を向いて生きることができるようになった。こうして彼らは情動的に終結を迎えることができた。しかし、そ自分が抱いた情動を意識的に解明しようとすれば、やはり感情労働から脱出するしかありません。そうして状況にふさわしい本来の正しい情動を抱くように情動を鍛えて、欺瞞的でない真正な生を送るべきです。もちろん、そんなことをすれば、今の社会のなかで生きていけなくなってしまうかもしれませんが、感情労働の根源的な悪から逃れる道はそれしかないように思います。ただし、感情労働にどっぷりと漬かってでも生きている方が良いのか、それとも死んでも感情労働から脱出する方が良いのかは、私としてはちょっと一概には言えませんけれども。

私的かつ客観的な記述としての「自己物語」

……そのように情動を鍛えつつ生きることが、すなわち「自己物語」を紡いでいる、ということになるのでしょうか。

ええ。私たちは多かれ少なかれ、自分に関する過去、現在、未来を展望しながら、何をするかを決め、自分の人生を紡ぎ出しています。お昼に何を食べようかという些細なことですら、昨日食べたものを思い出し、お腹の減り具合や健康状態を勘案しながら決める。あるいはとくに何をするでもなくても、自分の過去を振り返り、現在を見つめ、未来を想像することもあるでしょう。それは自分の人生を一つの物語、すなわち「自己物語」に仕立て上げていくことであり、自分の人生に一貫した意味を与える作業だと言えます。

そこには必ず情動が伴っているし、むしろ非常に重要な役割を担っていると考えられます。情動に焦点を合わせて考えると、自分がその時々に感じてきた情動が、その状況に対して適切であったかどうか、今感じている情動が適切なのか、そして将来抱くだろう情動が適切なのかという考慮がそこには常に働いていて、それに照らして「自己物語」が評価されつつ紡がれていくわけです。

れでもまだ、答えられていない多くの問いが残されている。その病気はいったい何だったのか。なぜこの子に、この自分たちの子に、それが起こったのか。子供を救うためにもっと多くのことができたのではないだろうか。このような問いが残っているとすれば、両親は情動的終結を迎えることができたとしても、物語的な終結を迎えることができないだろう。

ここから危険なフィクション化が生じる恐れがあるとゴルディは言う。両親は情動的終結を迎えても、それに満足できず、さらに物語的終結を追い求めるかもしれない。彼らはもうじっさいには物語的終結を迎えることができないにもかかわらず、それでも何とかそれを見つけ出そうとするかもしれない。つまり、彼らはまだ答えられていない問いにもう答えを見いだすことができないにもかかわらず、それでも何とか虚構の答えを見出そうとして虚しくもがき続けるかもしれない。あるいは、自己欺瞞に陥って、じっさいに何らかの虚構の答えを作り出してしまうかもしれない。たとえば、自分たちがかつて悪いことをしたために、神がその罰として子供の命を奪ったのだと信じるようになるかもしれない。このように物語的終結への強い欲求は、フィクションによる終結を求めて、虚しいあがきや自己欺瞞を生み出してしまうのである。

物語の駆動力

ゴルディは以上のように、情動的終結を迎えても、物語的終結を求めてフィクション化を行おうとする傾向が私たちにあると言う。しかし、それは本当であろうか。子供を失った両親が情動的に子供の死を受け入れることができるようになれば、たとえまだ答あんなことしなければよかったと後悔したり、あの時抱いた同情心は我ながら立派だったと自讃したり、次に同じような場面に遭遇したらこうしようとシミュレーションしてみたり……と、そんなふうに自己物語を展開しながら、自分の人生を価値的に意味付けていくわけです。そこでは当然ながら、自分がその時々に抱く情動の適切さ／不適切さが考慮されていて、将来に向かってはより適切な情動を抱くことができるように、自らの成長の展望も含まれてくる。

……ご著書では、自己物語と科学的記述の違いについてもふれておられますね。

物語は世界のあり方を情動的に、つまり自分が語ることがらを評価しながら語ります。それは良いとか悪いとか、好ましいとかおぞましいという評価ですね。対する科学は、そのような情動を交えることなく、つまり評価を入れないで世界のあり方を語ります。だから基本的には、誰が語っても同じ世界を語ることができるわけです。むしろ科学とは、そういうものでなければならない。

世界のあり方には事実的なあり方と価値的なあり方があると言いましたが、私はそのどちらも、客観的にあると考えています。この場合の客観的というのは、私たちの認識とは独立に、世界はそのようにあるという意味です。目の前のトマトが赤いのは、私がそう知覚し判断するからではなく、そもそも赤いトマトがそこにあるからです。そのようにある世界に照らして、私の知覚や判断は正しいか間違っているか、真か偽かということになります。

同じように価値的なあり方も、この犬が危険なのであって、私が危険だと感じるから危険なのではありません。だからその感じについて、正しいとか間違っているとかが言えることになります。価値的なあり方もまた客観的です。私は価値についても、そういう実在論的、客観主義的な見方をしています。もちろん、事実に対しては実在性や客観性を認めても、価値に

えられていない問いが残っていたとしても、彼らはもはやフィクション化に向かおうとはしなくなるのではないだろうか。

両親が子供の死を情動的に受け入れることができるようになっても、まだ答えられていない問いがたくさん残されているというのは、ゴルディの言うとおりであろう。しかし、問いがあるからといって、必ずしも答えが求められるわけではない。関心のない問いは無視される。問いが答えを求める力をもつのは、問いが情動的な関心を呼び起こすからである。子供を失った両親が、なぜこの子が死ななければならなかったのかと問い、それに答えを求めようとするのであれば、それはたんにその問いがまだ答えられていないからではなく、その問いへの答えが彼らにとって情動的にきわめて重大なことだからである。その答えを知らないかぎり、彼の情動が安らぐことはない。しかし、そうだとすれば、彼らはまだ情動的に子供の死を受け入れることができていないのである。それができていないからこそ、彼らが残された問いをどうしても問いたくなるのであり、世界のじっさいのあり方に反してフィクション化を行ってでも、その答えを求めたくなるのである。

情動的終結を迎えてもなお、物語的終結を迎えられないことがあるとゴルディは言うが、それは誤りであろう。情動的終結を迎えることができないからこそ、物語的終結を迎えることができないのだ。物語を駆動する力をもつのは情動であり、物語が終わらないのは、情動がおさまらないからである。

情動が終結せずに物語を駆動し続けていけば、やがてノンフィクションの物語であっても、フィクション

対しては個人の主観によるもので、だから価値は実在的ではないし、客観的でもないという考え方は根強くあります。

しかしこの場合の主観性は、価値のある種の相対性と混同しているのではないでしょうか。価値のある種の相対性であれば、私も積極的にそれを認めるべきだと考えています。この犬は危険だと言った時、その犬が本当に危険かどうかは、犬のあり方だけで決まるものではなく、そう言う人のあり方にもかかわってきます。たとえば、その人が武芸の達人で、その犬を一撃で倒せるような人であれば、その犬は危険ではないでしょう。そういう意味での主体に対する相対性はあると思います。しかしこれは主体の認識に対する相対性ではありません。価値の主観性で問題になるのは、主体の認識に対する相対性であって、そうでない主体のあり方への相対性ではありません。

個性は情動の相対性のなかに立ち上がる

たとえば絵が美しいと感じれば美しいし、美しいと感じなければ美しくないというように、「美」は相対的なものだと言われます。これが認識に対する相対性ですね。しかし、それに対して、「美は客観的だ」と言われる場合は、人が美しいとか美しくないと感じることとは独立して、美というものがあるとされます。つまり、絵それ自体に美が備わっているというわけです。私自身はもう少し考えを進めて、美しいと感じれば美しいという主観でもなく、かといって絵それ自体に美が備わっているということでもなく、先ほど犬の例で見たように、それを見ている当人(主体)の身体的なあり方に応じて美しかったり美しくなかったりという、「美」についての第三の考え方――価値のある種の相対性を含む見方があると考えています。

……情動についても、それと同じような考え方をしたいわけですね。


化していくであろう。しかし、物語のフィクション化が必ず有害であるとは限らない。子供を失った両親が納得のいく物語を求めていつまでももがき苦しむのは、たしかに有害である。しかし、そのような両親が自分たちの過去の罪のゆえに神がその罰として子供の命を奪ったのだと信じることができるようになり、そうすることで子供の死を情動的に受け入れることができるようになれば、それは必ずしも有害なことではない。もちろん、そのように信じることで、子供の後を追って両親が死ぬというようなことにでもなれば、そう信じることは有害であろう。しかし、そうではなく、そう信じることで両親がようやく前を向いて生きていくことができるようになれば、そう信じることはけっして有害ではない。

　たしかに、世界の事実的および価値的なあり方に反しないような仕方で物語を紡ぎ出し、そうすることで子供の死を情動的に受け入れることができるようになれば、それに越したことはないだろう。フィクション化せずに世界の本当のあり方に忠実な物語を生み出すほうが、より真正で豊かな人生を送ることができよう。しかし、私たちの情動能力には限りがある。子供を失った両親がその現実に相応しい適度な悲しみを形成し、それゆえやがてその悲しみを乗り越えていくことができるとは限らない。彼らは過度の悲しみを抱き、それゆえその悲しみを克服することができないかもしれない。どれほど自分の情動能力を磨いても、その悲しみを適度なものにすることができないかもしれない。そうであれば、世界のあり方に忠実な物語は、彼らが生きることのできる物語ではない。彼らの情動能力からすれば、神の罰とい従来の主観か客観か、実在か反実在かという論争に、いつまでも明け暮れていられませんからね。道徳も、時代や文化によって異なるとする道徳相対主義、道徳の反実在論が唱えられ、道徳を共同体の主観的なものだとする考え方も根強くあります。しかし極端に言うならば、たとえば生贄を捧げる風習をもつ共同体は、そういう風習をもたない共同体からは正しくないとみなされるけれども、だから正しくないわけではありません。同様にその風習は、その共同体の歴史や風土に根ざしてつくられてきたのだから正しいのだとも言えません。正しい／正しくないの価値判断は、そのような主観的な相対性によるものではなく、もっと客観的なものであり、価値自体は認識から独立して世界に実在すると考えることが可能だと思います。そう考えないと、価値はそれぞれの共同体がもつ共同主観に矮小化されてしまうのではないでしょうか。

その共同体の人たちが、自分たちが行っている生贄を正しくないとみなす契機は、異なる共同体との接触だけにあるのではありません。自分たちの歴史や風土に照らして、自分たちで正しくないとみなし、反省することもあるでしょう。共同主観のなかでも、正しくないことを見出し、変革する道徳的な改革は起こり得るわけです。道徳相対主義は道徳主観主義とも言い換えられるもので、私たちがどう感じ、どう判断するかで正しい／正しくないが決まるという考え方ですから、それとはまったく違う考え方ですね。

……そこに情動が大きな役割を果たす、ということですね。

先ほど私が提起したような情動相対性がいえるとすれば、情動が捉える価値もある種の相対性があり、そこに立ち現れる道徳的価値もある種の相対性を内包しているということになります。それゆえ共同体ごとに道徳実践は具体的なあり方としては異なることにもなる。しかし共同体に

うフィクション化された物語こそ、彼らが生きることのできる物語である。そうであれば、フィクション化された物語が必ずしも悪いとは言えないだろう。

私たちは情動の力で自己物語を紡ぎ出しながら、その物語を生きていく。そうであれば、自分の情動能力の範囲内で最善の物語を紡ぎ出しながら、それを生きていくしかない。たとえそれがフィクション化を伴うとしても、それが私たちにとってじっさいに紡ぎ出すことのできるもっとも有意味な物語であり、その物語を生きることが私たちにとってじっさいに営むことができるもっとも豊かな生である。世界のあり方を正しく反映した自己物語を紡ぎ出しながら、それを生きていくことは、それが可能であれば、たしかにもっとも望ましいであろう。しかし、それは必ずしも可能ではない。私たちは自分の情動能力の範囲内で可能な自己物語を生きるしかない。自己物語に含まれるフィクションは世界のじっさいのあり方に反しているが、それでもそれは私たちの生を可能にするものであり、私たちにとっての真実なのである。

おける道徳の正しい／正しくないは、彼らの主観と独立に決まっているとも言える。数ある共同体のすべてに通底する客観的で普遍的な道徳を希求したいところですが、残念ながら、そういう唯一無二の道徳を見つけ出すことは難しいでしょう。

ある種の相対性を内包する客観的な道徳という考え方は、絶対的な座標系を設定するニュートン的な考えではなく、それぞれの観察者に相対的にしか座標系は決められないとする、アインシュタインの相対性理論的な考え方だと言うことができるかもしれません。そうした相対的な座標系に応じた運動の記述しかできないとすれば、観察者が異なれば、運動の記述が異なるということも起こり得ますが、そのような相対性があるということは、これはもう絶対的であるわけです。一言で言えば、価値がある種の相対性を内包するということが絶対的な真理だというようなことになりますね。

もう一度赤いトマトと犬の話に戻ってみましょう。トマトが赤いことを知覚が捉えるということは、トマトそれ自体にすでに成立している赤いというあり方を、知覚が捉えたのだと考えられます。しかしこの犬が危険だというのは、犬においてすでに成立していることがらではなく、そう感じる当人（主体）の身体的なあり方との関係も含めて成立しています。その意味での相対性であり、そこにはその人（主体）がどんな人なのかということが含まれています。赤いトマトの知覚では、たとえば照明によって色の見え方が異なってきますが、それもトマトが赤いかどうかには関係しません。黄色い照明のもとで黄色く見えても、トマトが赤いことに変わりはありません。トマトの赤さはトマトそのものに備わっている性質です。

犬を危険だと感じる時に働いているのが情動です。同じ犬を見ても、恐怖を覚える人もいれば愛情がわく人もいるでしょう。そこにはそれぞれの人（主体）の個性というようなものが立ち現れています。それは決して主体の主観的なあり方が違うからではなく、それ以外の主体のあり方が違うからです。この主体のあり方は主体にとっての物事の価値的なあり方にかかわるようなあり方です。だからこそ、情動において個性が立ち現われてくるということになるわけです。ですから、情動を知ることは自己のあり方を知ることにもなるわけです。

情動は究極の相対性のなかにある

……情動が捉えている価値的なあり方の違いが、それぞれに異なった自己物語を紡いでいく、ということでしょうか。

ええ、たとえば同じ状況に対してA君とB君が異なる情動を抱いた場合、どちらかの情動が正しくない（適切ではない）可能性と、同時にA君とB君は根本的に人としてのあり方が違うのかもしれないという二つの可能性を考える必要があるということですね。抱かれた情動が異なるにもかかわらず、どちらも正しい（適切な）ものであるとすれば、人としてのあり方、個性が違うということになりますから、じゃあそれが何であるかを突きとめていき、そうすることで、自分をより深く理解するとともに、自分と異なる情動を抱く相手をもより深く理解することになります。

……この自己物語はどのように書かれることが、先生がおっしゃるもっとも豊かな生を生きたことになるのでしょうか。

一言で言えば、真実を描き、「真実に生きる」ということがもっとも豊かな生だと考えます。真実に生きるとは、世界の事実的なあり方と価値的なあり方の両方を正しく捉えて、その認識にふさわしい仕方で行動するということです。しかしそれは非常に難しい。知覚にも、事実判断にも、情動や価値判断にも、それぞれに限界があって、世界を歪んだ仕方で捉えてしまいがちです。その結果さまざまな問題が起こり、人生にも大きなマイナスの影響を及ぼすことになります。

自己物語は、自己の過去・現在・未来のあり方に忠実に描かれるべきノンフィクションの物語ですが、人間の情動能力に限界がある以上、その限界をフィクションで補うということも必要になってくると思います。たとえば芸術作品はその多くがフィクションであるけれども、そのなかに現実の私たちの人生の真実というものをある仕方で体現していて、そういう真実を見る感性や能力を養ってくれる面があると思います。

一般にノンフィクションとされる写真や文章で戦争の悲惨さを感じることよりも、たとえばピカソが描いた「ゲルニカ」を見る方が戦争というものの真実に直面できるということがあり得ます。「ゲルニカ」を見ると、それを見る前よりも写真や文章を深く理解できるということもあるかもしれません。もちろん「ゲルニカ」をただ単にフィクションであるとすることは、ノンフィクションの作品をそのまま事実であるとすることと同じくらい単純化した見方ではありますが。

また、一方で、現実からの逃避としてフィクションの世界に没入するというような芸術との接し方もあるでしょう。同じ「ゲルニカ」も、フィクションとしてだけ体験し楽しむこともできる。そしてそのことが日々の実生活に潤いを与えてくれるということもあると思います。実際、たとえばバーチャルリアリティーなどの登場で、フィクションに埋没して生きていくことが容易にできるような時代へと、私たちは今、どんどんと進み始めています。もしそのまま私たちがそこに突き進むなら、よくSFに描かれるような、人工栄養器の中に養われながらバーチャルな夢を見続けることも、人間の豊かな生の可能性の一つとして考慮する必要があるかもしれません。私自身はフィクションに全面的に埋没するのではなく、部分的に埋没するだけで、基本的には現実のなかに生きることが豊かな生だと思いますが、全面的な埋没も豊かな生である可能性があります。

……それも人間の豊かな生の可能性の一つと考えていいのですね。道徳というと、何か厳格で絶対的な理想があるようなイメージですが、先生は情動による価値的な世界の認識ということを言われて、そこでは、自分も含んだうえで世界の価値のあり方が成立しているのだという、そこが面白いところだと思いました。むしろ非常に相対的な考え方なんですね。

そうですね。とにかく人間が動くのは、最後は情動で動くのであって、決して理性で動くわけではない。だから最後は自分自身の情動を動かさなければいけない。そしてその情動が捉える価値は自分のあり方に相対的な価値です。その意味で、それはまさに、究極的な相対主義と言えるかと思います。しかし、それは決して価値を自分の認識に相対的だとする主観主義ではありません。あくまでも、客観的な相対主義です。

……今日は、長い時間ありがとうございました。（2018.08.28）

editor's note after

究極的な相対主義

発達する感情

近年の赤ちゃん学の発展には眼を見張るものがあります。その背景には、テクノロジーの進歩・発展がありますが、そうした新たなテクノロジーを利用することで、赤ちゃんの心や行動が読み解けるようになりました。赤ちゃんは、私たちの想像をはるかに超えて、大人と同じとまでは言わないまでも、それに近い知識をすでにもっていることがわかってきたのです。生後三カ月の赤ちゃんでも、基本的な物理法則にもとづく知識をもっていて、物理的な推論ができるようですし、また、社会的な関係を認識することもできるらしい。しかもその萌芽は、今や胎児にまで遡れることもわかってきました。

社会的な関係を知る認知機能の発達がそのまま感情の誕生を意味するわけではありませんが、感情の形成に寄与していることは間違いないようです。たとえば、感情を形成する重要な要素である社会的随伴性に関して、生後三カ月の赤ちゃんは強い感受性を示します。この感受性の強さは、感情表出にも大きく影響を与え、さらには他者理解への道を開きます。

他者理解のための重要な知見に「心の理論」があります。大人は、日常生活において、他者の気持ちを推し量りながら生きています。他者の行動の理由を心的状態にもとづいて説明し、他者の心的状態を推測したりする能力を「心の理論」といいますが、ヒトの場合二歳を越える頃になると、自分の欲求と他者の欲求が異なることをわかるようになり、自分の好きなものに引きずられることなく、他者の好きなものを答えることができるようになるといいます。「心の理論」は、赤ちゃん学においては、心の発達、とりわけ他者理解を介する感情形成に多くの知見を与えてくれるものと期待されます。

心は一瞬たりとも留まることはありません。常に前進し発達し続けます。感情もおそらく同じでしょう。他者とのやりとり、関係性のなかで、ヒトはその能力を開花させます。感情も同様に、対人関係、そのインタラクションのなかで、かたちづくられていくのです。

意識をもつ機械としてのゾンビ

渡辺正峰氏は、感情は、視覚や聴覚、触覚などと同様に、脳の高次の部位が行うシミュレーションと共に生じるのではないかと考えています。渡辺氏は、その理由を、幻肢を例に述べています。ないはずの腕に腕があるという意識が生じるのは、脳の高次な部位で腕のシミュレーションが行われているからに他なりません。脳の高次な部位で腕のシミュレーションが行われた結果、そこにあたかも腕があるような意識が生じるのです。

感情も同じではないか。視覚ニューロンから受け取った情報に対して、扁桃体が発汗や心拍数の上昇という身体反応を起こす。「怖い」などの感覚が生じるのは、前頭前野がそれを意識としてシミュレーションするからです。それをシミュレーションする前頭前野があるからこそ、意識としての「怖い」などの感覚が生じる。であれば、意識のハード・プロブレムが解ければ、同じような難しさをもつ感情のハード・プロブレムも、解けるはずだと言うのです。

脳の半球を機械の回路に接続するテストでは、機械の回路にはすでにニュートラルなクオリア（意識）があるという状態が想定されています。それを生身の脳の半球と接続することで、そこに統一された視覚体験が得られれば、意識のハード・プロブレムは解決されるわけで、同様に感情のハード・プロブレムも乗り越えられると渡辺氏は考えています。そして、これがもっとも大きな壁ですが、その生身の脳と機械の脳がリンクした状態を、その被験者が、つまり渡辺氏が主観的に語ることができれば、意識の自然則、感情の自然則を主観から検証したことになるのです。

人は感情＝情動で動く

信原幸弘氏は、情動は透明化した身体を介して、世界の価値的なあり方を直接立ち現れさせるという仕方で、世界に志向的にかかわっていると言います。だからこそそれが正しいか正しくないか、真か偽かを問うことができるというのです。情動能力は経験を積むことで鍛えることができると。子どもから大人への成長には正しい（適切な）情動を形成するという意味も含まれています。情動能力を鍛えることで、常に適切な情動を抱くことができれば、判断を待たなくても情動的な反応だけですべてのことをスムーズに運ぶことができるようになり、それが理想だと信原氏は言う。常に正しい（適切な）情動を抱き、それにもとづいて振る舞うような人を「徳のある人」と言い、倫理学では、そのような徳（virtue）こそがもっとも重要だと考えられていました。

価値判断を支えるような能力や傾向をもつ情動を獲得することが、徳を身に付けるということであり、孔子の言う、「心の欲するところに従えども矩《のり》を踰《こ》えず」という境地です。これは遥かな理想だけれども、私たちは、そういう方向を目指すべきではないかと信原氏は言います。

人間が動くのは、最後は情動で、決して理性で動くわけではない。だから最後は自分自身の情動を動かさなければいけない。そしてその情動が捉える価値は自分のあり方に相対的な価値だという。それは、自己が自己を物語ることであり、私たちは、そこに究極的な相対主義を発見することになるでしょう。

（佐藤真）

書物のフィールドワーク 79

（発行年順）

◎感情＝情動の諸相

感情とはそもそも何なのか　現代科学で読み解く感情のしくみと障害　乾敏郎　ミネルヴァ書房　2018
感情の哲学　分析哲学と現象学　西村清和　勁草書房　2018
情動の哲学入門　価値・道徳・生きる意味　信原幸弘　勁草書房　2017
はらわたが煮えくりかえる　情動の身体知覚説　J・プリンツ　源河亨訳　勁草書房　2016
「情の理」論　情動の合理性をめぐる心理学的考究　遠藤利彦　東京大学出版会　2013
感情心理学・入門　大平英樹編著　有斐閣　2010
デカルトの誤り　情動、理性、人間の脳　A・ダマシオ　田中三彦訳　ちくま学芸文庫　2010
合理性を圧倒する感情　ジャン・ニコ講義セレクション　J・エルスター　染谷昌義訳　勁草書房　2008
感情　D・エヴァンス　遠藤利彦訳　岩波書店　2005
エモーショナル・ブレイン　情動の脳科学　J・ルドゥー　松本元、小幡邦彦他訳　東京大学出版会　2003

◎脳と意識

脳の意識 機械の意識　脳神経科学の挑戦　渡辺正峰　中公新書　2017
物質と意識　脳科学・人工知能と心の哲学　P・チャーチランド　信原幸弘、西堤優訳　森北出版　2016
意識はいつ生まれるのか　脳の謎に挑む統合情報理論　M・マッスィミーニ、G・トノーニ　花本知子訳　亜紀書房　2015
ぼくらが原子の集まりなら、なぜ痛みや悲しみを感じるのだろう　意識のハード・プロブレムに挑む　鈴木貴之　勁草書房　2015
意識と脳　思考はいかにコード化されるか　S・ドゥアンヌ　高橋洋訳　紀伊國屋書店　2015
意識をめぐる冒険　C・コッホ　土屋尚嗣、小畑史哉訳　岩波書店　2014
〈私〉はどこにあるのか　ガザニガ脳科学講義　M・ガザニガ　藤井留美訳　紀伊國屋書店　2014
脳がつくる倫理　科学と哲学から道徳の起原にせまる　P・チャーチランド　信原幸弘、樫則章他訳　化学同人　2013
脳に刻まれたモラルの起源　人はなぜ善を求めるのか　金井良太　岩波科学ライブラリー　2013
脳の中の幽霊　V・S・ラマチャンドラン、S・ブレイクスリー　山下篤子訳　角川文庫　2011
サブリミナル・インパクト　情動と潜在認知の現代　下條信輔　中公新書　2008
意識の探求　神経科学からのアプローチ 上下　C・コッホ　土屋尚嗣、金井良太訳　岩波書店　2006
マインド・タイム　脳と意識の時間　B・リベット　下條信輔訳　岩波書店　2005
意識する心　脳と精神の根本理論を求めて　D・J・チャーマーズ　林一訳　白揚社　2001

◎発達論と赤ちゃん学

発達心理学の新しいパラダイム　人間科学の「二人称的アプローチ」　V・レディ、松沢哲郎他　中山書店　2017
驚くべき乳幼児の世界　V・レディ　佐伯胖訳　ミネルヴァ書房　2015
発達科学の最前線　板倉昭二編著　ミネルヴァ書房　2014
よくわかる情動発達　遠藤利彦、佐久間路子他　ミネルヴァ書房　2014
脳科学からみる子どもの心の育ち　認知発達のルーツをさぐる　乾敏郎　ミネルヴァ書房　2013
赤ちゃん学を学ぶ人のために　小西行郎、遠藤利彦編　世界思想社 2012
赤ちゃんの不思議　開一夫　岩波新書　2011
心を発見する心の発達　板倉昭二　京都大学学術出版会 2007
「私」はいつ生まれるか　板倉昭二　ちくま新書　2007
心が芽ばえるとき　コミュニケーションの誕生と進化　明和正子　NTT 出版　2006
乳児の世界　P・ロシャ　板倉昭二、開一夫訳　ミネルヴァ書房　2004
赤ちゃんと脳科学　小西行郎　集英社新書　2003

◎心の哲学

心の理論　第 2 世代の研究へ　子安増生、郷式徹編　新曜社　2016
心はどこにあるのか　D・C・デネット　土屋俊訳　ちくま学芸文庫　2016
シリーズ新心の哲学 I 認知編　信原幸弘編　勁草書房　2014
シリーズ新心の哲学 II 意識編　信原幸弘編　勁草書房　2014
シリーズ新心の哲学 III 情動編　信原幸弘編　勁草書房　2014
ミラーニューロンと〈心の理論〉　子安増生、大平秀樹編　新曜社　2011
心の哲学入門　金杉武司　勁草書房　2007
シリーズ心の哲学　I 人間編　信原幸弘編　勁草書房　2004
シリーズ心の哲学 II ロボット編　信原幸弘編　勁草書房　2004
シリーズ心の哲学 III 翻訳編　信原幸弘編　勁草書房　2004
心の理論　心を読む心の科学　子安増生　岩波書店　2000

棚田康司作品

表紙・裏表紙

木洩日の少年
2008年
1390×390×333mm
樫材の一木造りに彩色
撮影：熊谷順

樋口佳絵作品

P17

予知夢でしょうか
2015年
180x180mm
パネルにテンペラ、油彩

P35

36度 5分の水
2013年
530x410mm
パネルにテンペラ、油彩

P69

猫のいる自画像
2014年
530× 455mm
パネルにテンペラ、油彩

Back number

no.112
［特集］
感情強要社会
ISBN978-4-88065-448-5

自分のつくウソに喜んで騙される私とはどういう人なのか　堀内進之介
つながり過剰症候群…ともだち探しという明るい地獄　土井隆義
やさしい世間はどこにある？…〈空気読め〉の構造からの脱却　佐藤直樹
【Gallery】芦名秀近

定価（本体 800 円＋税）　発行　2018 年 7 月

no.111
［特集］
意志と意志の外にあるもの
…中動態・ナッジ・錯覚
ISBN978-4-88065-444-7

〈する〉と〈させる〉の境界、あるいは人間的自由の問題　國分功一郎
確率としての自由…いかにして〈選択〉を設計するか　大屋雄裕
なぜ〈なんとなく〉好きになるのか？…脳をその気にさせる錯覚　竹内龍人
【Gallery】中田有美

定価（本体 800 円＋税）　発行　2018 年 3 月

no.110
［特集］
幸福の空間戦略
…地域再生〈新〉論
ISBN978-4-88065-434-8

クリエイティビティの地産地消化が地域経済を再生する　飯田泰之
〈つながる地域〉を実現させる　石田光規
「風の人」から「関係人口」へ…〈関わりしろ〉から始める地方再生　田中輝美
【Gallery】神山明

定価（本体 800 円＋税）　発行　2017 年 11 月

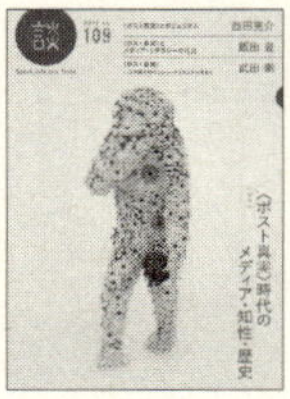

no.109
［特集］
〈ポスト真実〉時代のメディア・知性・歴史
ISBN978-4-88065-416-4

〈ポスト真実〉とポピュリズム　西田亮介
〈ポスト真実〉とメディア・リテラシーの行方　飯田豊
〈ポスト真実〉…日本語の特性とジャーナリズムから考える　武田徹
【Gallery】彌月風太朗

定価（本体 800 円＋税）　発行　2017 年 7 月

no.108
［特集］
おいしいってなに？
…ひとは食をどう表現してきたか
ISBN978-4-88065-409-6

コク、この表現ならざるもの　伏木亨
記憶のなかの家庭料理…思い出としての〈美味しさ〉　阿古真理
〈見る〉が生み出す味わいの世界…こころと食の認知科学　和田有史
【Gallery】ハギワラトシコ

定価（本体 800 円＋税）　発行　2017 年 3 月

no.107
［特集］
老い衰えゆくからだ
…話す・動くから考える
ISBN978-4-88065-399-0

ゆるみ、反発、一時停止…介護のなかにからだを見つける　細馬宏通
表現としての聞き書き…介護を切り拓く　六車由実
どっちつかずの人たち…〈老い衰えゆくこと〉から社会を見る　天田城介
【Gallery】舟越桂

定価（本体 800 円＋税）　発行　2016 年 11 月

編集後記

恥ずかしい話かもしれないが、私はホラー映画が苦手である。とくに、外見が人間に近いゾンビや幽霊が出てくるものは駄目だ。人間のようで、人間でない、コミュニケーションが取れる可能性は感じるのに、やはり何も伝わらないし、こちらも理解できない。こうした点がとくに怖いと思うのだ。こうしたものは、幼いころからずっと苦手だった。たとえば、幼稚園時代に見た怖い夢で今も覚えているものは、五月人形に追いかけられるというものだった。五月人形自体も怖かったのだが、何より母と祖母が追いかけられている私を見て笑っていたのが怖かったことを記憶している。

板倉昭二先生によるとさっきまでニコニコと反応してくれていたお母さんが、突然反応してくれなくなると、赤ちゃんは不安そうにしたり泣いてしまったりするという。私が五月人形の夢で母と祖母を様子が怖いと思ったのも同じことだろうか。

渡辺正峰先生は、いずれすべての情報に意識が宿るという論が世の中の常識になる日が来るかもしれないという。だとすると、ホラー映画に登場し、主人公たちを認識して襲ってくるゾンビやモンスターにも、意識が宿っているのだろうか。ゾンビが意識や感情をもっていると思えば、不気味さも恐ろしさも少しは緩和されるような気がするのだが……。

信原幸弘先生の論にしたがえば、こうした幼い頃からの情動の積み重ねによって、「ホラーは怖い」という私にとっての世界の価値的なあり方が形成されていったのだろう。苦手なので、もうずいぶん長い間ホラーには触れていないので、ホラーを見て怖いと感じたり、鳥肌が立ったりという経験も長い間していない。もしかしたら、こうした情動は誤りで、改めてホラーを見ると、いかにもつくりものらしく見え、こっけいで馬鹿々々しいものに感じられるだろうか。ホラーについての正しい情動を得るためにも、一度勇気を出して情動を鍛えた方がよいだろうか。ホラーが見られなくてもとくに困るとも思えないが、秋の夜長に少し検討してみよう。　　（橋爪裕人）

『談』no.113

発行日　2018年11月1日

www.dan21.com

エディター・イン・チーフ　佐藤真
デザイン　河合千明

制作◎株式会社アルシーヴ社
〒155-0032　東京都世田谷区代沢5-21-15
タカマリマンション105
TEL 03-5779-8356　FAX 03-6794-3356

編集・発行◎公益財団法人たばこ総合研究センター［TASC］
〒130-0003　東京都墨田区横川1-16-3
TEL 03-6284-1515　FAX 03-6284-1516

発売◎株式会社水曜社
〒160-0022　東京都新宿区新宿1-14-12
TEL 03-3351-8768　FAX 03-5362-7279

印刷◎株式会社恒陽社印刷所

ISBN978-4-88065-455-3 C0310
ISSN 0386-6750